AF450879

POUR ARRIVER

DRAME EN TROIS ACTES,

PAR M. ÉMILE SOUVESTRE,

REPRÉSENTÉ POUR LA PREMIÈRE FOIS, A PARIS, SUR LE THÉATRE-FRANÇAIS, PAR LES COMÉDIENS ORDINAIRES DU ROI, LE 8 JUILLET 1847.

DISTRIBUTION DE LA PIÈCE.

LOUIS VERNOIS, conseiller d'Etat...............	MM.	BRINDEAU.
Le comte ALFRED DE GUERNET...............		MAILLART.
BRUNEL, substitut......................................		GOT.
RANDEL, médecin......................................		SAMSON.
JULIETTE, femme de Vernois.......................	Mmes.	JUDITH.
CLARA, femme de Brunel.............................		BROHAN.
FÉLIX, domestique.....................................		M. MATHIEN.

Au premier acte, la scène se passe près de Rouen, au second acte à Dieppe, au troisième acte à Paris.

NOTA. Les personnages sont inscrits en tête des scènes dans l'ordre où ils sont placés relativement au spectateur. Le premier à gauche, etc. — Les changements de position sont indiqués par des notes. — Toute les indications de mise en scène sont données de la salle.

ACTE I.

Le théâtre représente un salon d'été. — Au fond, une porte et deux fenêtres de rez-de-chaussée donnant sur le jardin; deux portes à droite, deux portes à gauche. — A droite, un guéridon sur lequel se trouve un petit vase à mettre des fleurs; à gauche une table.

SCÈNE I.

DE GUERNET.

Au moment où le rideau se lève, de Guernet paraît à la porte du fond; il regarde avec précaution dans le salon, puis entre.

DE GUERNET, *un bouquet à la main.*

Personne ne m'a vu... je puis enfin apporter mon bouquet accoutumé... Qu'aura dit mademoiselle de Rivaud en ne le trouvant point ce matin à sa place ordinaire... Mais impossible d'arriver jusqu'à ce salon d'été. Le désir de découvrir l'auteur de ces offrandes mystérieuses a fait redoubler de surveillance... il m'a fallu profiter du moment où tout le monde était à table au château... — Enfin, j'ai éveillé la curiosité de mademoiselle Juliette; elle s'occupe de l'amant inconnu qui veille à l'accomplissement de tous ses désirs... Elle le cherche !... je veux l'avertir qu'elle le connaît... qu'il est près d'elle... et alors si son cœur me nomme... sûr d'être aimé, j'oserai parler... Mais on peut me surprendre... mettons vite là ces fleurs et le billet... (*Il place le bouquet dans le vase posé sur le guéridon, à droite, et met un billet dans le bouquet.—Regardant à gauche.*) On vient de ce côté... heureusement que les charmilles me permettront d'atteindre la grille sans être aperçu... (*Il sort par la porte du fond.*)

SCÈNE II.

JULIETTE, BRUNEL, CLARA.

BRUNEL, *au dehors.*

C'est inutile de l'attendre, ma cousine, je vous le répète... c'est tout à fait inutile. (*Il entre en donnant le bras à Juliette.*) Vernois m'a dit lui-même qu'il ne viendrait pas dîner; il voulait attendre le courrier à Rouen.

JULIETTE.

Mais pourquoi ne lui adresse-t-on pas ses lettres au château?
(*Elle va déposer son chapeau de jardin sur la table, à gauche.*)

BRUNEL.

Je ne sais... il trouve plus commode d'aller les prendre à la ville,
poste restante... c'est une promenade... (*à part*) et çà lui permet,
par la même occasion, de recevoir les miennes.

CLARA.

Je crois qu'il y tient surtout parce que ces absences forcées le
débarrassent pour quelques heures de notre compagnie... car ce
M. Vernois est d'une sauvagerie... Je ne comprends pas que vous
ayez embarrassé ma cousine d'un pareil hôte.

BRUNEL.

Mon Dieu! ma chère, vous savez bien comment tout s'est passé.
A son arrivée aux Brisaies, votre cousine était triste, languis—
sante...

CLARA.

C'est vrai... cette chère Juliette m'a effrayée... aussi ai-je écrit sur-
le-champ à M. Randel.

JULIETTE.

Heureusement, le cher docteur a deviné que sa présence était
inutile, et il n'est point venu.

BRUNEL.

C'était une raison de plus pour vous procurer quelques distractions qui pussent tenir lieu de traitement. Vernois se trouvait précisément à Rouen, par suite de la déconfiture de son grand journal
l'Inébranlable. Je me suis dit : — Maintenant qu'il n'a plus à amu-
ser ses abonnés, il pourra dépenser son esprit avec ses connaissan-
ces; alors je l'ai invité...

JULIETTE.

Et vous avez eu raison, mon cher cousin; M. Vernois est un
homme également distingué par l'esprit, par le cœur...

CLARA.

Et par la mauvaise humeur. Il passe sa vie à se plaindre des vices
du temps.

JULIETTE, *vivement.*

Parce qu'il en est frappé!

CLARA.

Mon Dieu! il faut être pour son siècle ce qu'une femme rai-
sonnable est pour son mari : vivre avec lui et n'y jamais penser.

BRUNEL, *étonné.*

Hein?

JULIETTE, *s'animant.*

Oui, il y a des esprits qui peuvent ainsi glisser sur toutes choses ;

mais quand on sent vivement, le moyen de ne pas être attristé par
la sottise, aigri par l'injustice, irrité par tout ce qui se fait de misé-
rable ou de lâche?... dans ce cas, l'amertume n'est qu'une géné-
reuse colère contre le mal; c'est une preuve de délicatesse, de sen-
sibilité, d'indépendance...

CLARA.

Et surtout d'un détestable caractère... (*Mouvement de Juliette.*)
Oh! je sais, ma cousine, que vous aimez tout ce qui paraît hardi
et généreux... Vous regardez la misanthropie de M. Vernois comme
l'impatience d'un grand cœur. Quand on est si mécontent des autres, on doit nécessairement valoir mieux. C'est comme M. Brunel,
quand il défend la morale publique en sa qualité de substitut, on le
prendrait pour un saint... et cependant!...

BRUNEL.

Ah! Clara, pas de personnalités...

CLARA.

Pour mon compte, je préfère les gens de plus douce humeur...
Notre jeune voisin, par exemple, M. de Guernet, quel charmant naturel!...

BRUNEL.

Oh! vous le trouvez charmant... parce qu'il ne vous quitte
pas...

CLARA.

Allez-vous aussi en être jaloux?

BRUNEL.

Non... mais c'est vrai, il ne cause qu'avec vous...?

CLARA.

Parce que je suis la seule qu'il connaisse depuis longtemps, la
seule surtout qui l'encourage... et il est si timide...

BRUNEL.

Oh! timide! un officier du génie!... comme s'il n'avait pas, d'ailleurs, tout ce qui donne de l'assurance.

CLARA.

Ah! il est certain que rien ne lui manque : de la naissance, de
la fortune, un oncle ministre...

JULIETTE, *ironiquement.*

Et il supporte tout cela avec une résignation...

CLARA.

Ah! vous voilà bien! vous lui faites un crime des avantages qu'il
a reçus du hasard, comme vous faites un mérite à M. Vernois d'en
être privé. Tenez, chère Juliette, vous serez toujours romanes-
que. C'est grâce à ces idées que vous avez refusé vingt fois d'ex-
cellents mariages.

JULIETTE.

Et que me voilà fille presque majeure, n'est-ce pas?... Mon
Dieu, chère cousine, pour se consoler de n'être point mariée, il suffit souvent de regarder les maris des autres.

CLARA, *à Brunel.*

Remerciez donc, monsieur.

BRUNEL.

Comment, moi?

JULIETTE, *vivement.*

Non, je veux dire seulement que je renonce sans chagrin à tous les prétendus.

CLARA.

Mais les prétendus ne renoncent point à vous, et la preuve en est dans les soins mystérieux qui vous sont rendus.

JULIETTE.

En supposant qu'ils s'adressent réellement à moi, ce que rien ne prouve, car vous pouvez en être aussi bien l'objet...

BRUNEL.

Voilà ce qui est inquiétant.

CLARA.

Oh! vous allez réveiller toutes les angoisses de M. Brunel.

BRUNEL.

Mon Dieu! ma chère, quand on est marié, on aime à savoir à quoi s'en tenir. Aussi j'ai fait surveiller, et vous avez vu que ce matin le galant anonyme n'avait pu apporter son bouquet de camélias...

JULIETTE, *en soupirant.*

Il est vrai.:. *

BRUNEL.

J'étais bien sûr de mes précautions. Vous comprenez que quand on a l'habitude de veiller à la sûreté publique...

JULIETTE, *qui est allée près du guéridon, et qui aperçoit le bouquet.*

Ah!...

CLARA.

Quoi donc?

JULIETTE.

Le voilà!

CLARA.

Qui?... le bouquet.

BRUNEL.

Ah bah!...

JULIETTE, *qui l'a pris vivement.*

Toujours des camélias blancs, veinés de rose... ceux que je préfère.

BRUNEL. **

C'est fantastique.

* Brunel, Clara, Juliette.

** Clara, Brunel, Juliette.

CLARA, *à Brunel.*

Si vous ne veillez pas mieux à la sûreté publique, monsieur...

JULIETTE, *pensive.*

Mais quel peut être ce poursuivant invisible, ce lutin familier, dont nous retrouvons le souvenir partout et que l'on n'aperçoit nulle part?

BRUNEL.

Il est certain que je cherche en vain parmi les personnes qui fréquentent le château. Ce ne peut être le colonel Durvillère... il est occupé ailleurs... Le gros baron n'a pas assez d'esprit pour inventer pareille chose, et quant à M. de Guernet, son oncle lui prépare à Paris un riche mariage.

CLARA.

A moins que ce ne soit votre farouche ami, M. Vernois.

JULIETTE, *vivement.*

Quoi! vous pourriez supposer?...

BRUNEL.

Eh non! c'est impossible! si vous le connaissiez comme moi! Vous avez d'ailleurs commencé à recevoir les bouquets avant son arrivée.

JULIETTE.

Ah!... vous avez raison... c'est une preuve... à laquelle je n'avais point songé. (*Elle froisse le bouquet.*)

CLARA, *regardant le bouquet.*

Mais attendez donc! il y a un billet. (*Elle retire le billet du milieu des fleurs.*)

JULIETTE.

Un billet! oh! montrez...

CLARA.

Trois lignes seulement. (*Elle lit.*) « Si vous m'avez deviné ; si « mes soins sont acceptés, laissez tomber ce bouquet devant moi, je « comprendrai. »

BRUNEL.

Mais l'adresse!... Il n'y a ni le nom...

CLARA.

Ni la rue, ni le numéro.

BRUNEL, *à part.*

Çà peut être pour ma femme aussi bien que pour sa cousine...

JULIETTE.

Vous ne reconnaissez point l'écriture?...

CLARA, *remontant vers le fond.*

Du tout...

* Brunel, Clara, Juliette.

JULIETTE, *présentant le billet à Brunel.*
Ni vous, mon cousin?...
BRUNEL, *examinant.*
Non... du moins, je ne crois pas... Mais, donnez, ceci est un commencement de preuve avec lequel on peut entreprendre l'enquête.
JULIETTE.
Oui, tâchez de découvrir.
CLARA.
Vous pourrez vous faire aider par M. Vernois, car le voici.
JULIETTE, *vivement.*
Oh! non, qu'il ne sache rien, je vous en prie.
CLARA, *qui regarde au fond.*
Mais je ne me trompe pas... il est avec M. Randel...
JULIETTE.
Il est arrivé!
BRUNEL.
Que dites-vous? le docteur?

SCÈNE III.

LES MÊMES, RANDEL, VERNOIS. *

RANDEL.
Lui-même, mon cher Brunel...
JULIETTE, *allant à lui*
Ah! je désespérais de vous voir. (*Randel la baise au front.*)
CLARA.
Et moi aussi, je craignais que vos occupations ne vous eussent rendu ce voyage impossible.
RANDEL.
Ce que vous ordonnez, madame, ne l'est jamais. (*Il baise la main de madame Brunel.*)
BRUNEL.
Non, si ce cher docteur n'est pas venu plus tôt, c'est que les grands médecins savent que plus on les attend, plus on les désire.
RANDEL.
C'est ce qui les distingue des substituts.
BRUNEL.
Ah! docteur, toujours méchant.
RANDEL.
Du reste, M. Vernois vient de m'apprendre qu'ennuyée d'attendre le remède, la malade avait guéri seule...

* Vernois, Brunel, Clara, Randel, Juliette.

VERNOIS.

Et je dois ajouter, qu'à cette nouvelle, M. Randel a été sur le point de rebrousser chemin sans venir aux Brisaies.

JULIETTE.

Ah! docteur...

CLARA.

Est-ce possible ?

BAUDEL.

Il est certain que j'étais furieux. Songez que j'ai déjà quitté Paris trois fois cette année, sur l'annonce que notre chère Juliette était mourante, et que je l'ai toujours trouvée en meilleure santé que moi.

BRUNEL.

Eh bien ! docteur, vrai, elle nous a inquiétés, cette fois.

BAUDEL.

Mon Dieu ! je ne dis pas non ; il en est toujours ainsi avec les dames ; elles échappent à toutes les observations, contrarient tous les principes. La veille, vous les croyez perdues, et le lendemain on les trouve au bal ; vous les voyez guéries, et on vous adresse une invitation pour leur enterrement. Il semble qu'elles ne vivent et qu'elles ne meurent que par caprice : aussi arrètent-elles tous les progrès de la science. Tant qu'il y aura des femmes, on ne pourra arriver à aucune certitude en médecine.

VERNOIS.

J'ai emmené M. Randel de force depuis la poste, où je l'ai rencontré...

BRUNEL.

Ah! c'est à la poste... (*Il prend Vernois à part ; Randel, Clara et Juliette remontent vers le fond, en causant.*) Y avait-il quelque chose ?...

VERNOIS, *bas.*

Un billet de Florestine.

BRUNEL, *bas.*

Pour moi ?

VERNOIS, *bas.*

Non, à mon adresse... Elle menace toujours d'envoyer ta correspondance à madame Brunel... je te montrerai la lettre...

BRUNEL.

La malheureuse... (*A part.*) Voilà où conduit l'étude du droit, compliquée des bals du Prado. (*Pendant cet à parté, Randel a continué à causer avec Clara et Juliette.*)

RANDEL, *comme s'il continuait la conversation.*

Impossible, chères dames; je suis obligé de repartir demain.

VERNOIS.

Mais, docteur, il vous faut au moins le temps d'examiner la maladie de mademoiselle Juliette.

RANDEL.

Mon Dieu! je la connais... ce sont des lassitudes de toutes choses, des dégoûts de la vie, des langueurs... j'ai déjà indiqué vingt fois le remède.

JULIETTE, *vivement.*

De grâce...

BRUNEL, *riant.*

Ah ! le docteur va encore nous parler mariage.

BAUDEL.

Mais certainement. L'isolement pèse à Juliette, elle s'ennuie sans savoir pourquoi...

JULIETTE.

Et vous pensez que si j'avais un mari , ce serait du moins une cause ?

CLARA, *étourdiment.*

Ah! c'est très-vrai... j'ai éprouvé ça...

BRUNEL.

Comment?

CLARA.

Mais le moyen de décider cette chère cousine... elle craint toujours de ne pas être choisie pour elle-même... elle ne veut consentir qu'à un mariage d'inclination. (*Clara et Brunel remontent ensemble vers le fond. Vernois et Juliette restent sur le premier plan. Randel est entre eux, un peu reculé et les observe.*)

VERNOIS.

Il me semble que mademoiselle n'a pour cela qu'à vouloir...

JULIETTE.

Cependant, si je me souviens bien , M. Vernois signalait lui-même hier toutes les difficultés d'une union bien assortie.

VERNOIS.

Hier, mademoiselle, je parlais pour mon compte, et quelle différence ! favorisée de tous les dons de l'esprit, de la fortune, de la beauté, vous pouvez choisir, sûre que votre préférence sera une joie pour celui qui l'aura obtenue ; tandis que moi , je suis de ceux qui ne peuvent même écouter leur goût: travailleur obscur à qui il est défendu de lever les yeux trop haut... et qui doit accepter ce que le hasard lui envoie.

RANDEL.

Pourquoi donc? Ne pouvez-vous faire un riche mariage comme tant d'autres?

VERNOIS, *ironiquement.*

Sans doute, à la condition de ne point choisir la femme, mais la dot; de devenir le protégé de celle dont je devrais être le protecteur, de recevoir le titre de mari comme emploi bien rétribué ! Mais pour accepter ce rôle, j'ai trop peu d'ambition.

1.

JULIETTE, *avec émotion.*

Êtes-vous sûr, monsieur, que ce ne soit pas plutôt... trop d'orgueil?

VERNOIS, *amèrement.*

Peut-être, mademoiselle, j'explique mes motifs sans les défendre. Moins de scrupules conviendraient mieux, sans doute; d'autres, moins *orgueilleux*, arrivent à la fortune, au pouvoir, et le succès est la sagesse suprême; aussi n'ai-je point voulu faire mon apologie, j'ai simplement répondu.

JULIETTE, *affligée, à part.*

Mon Dieu! je l'ai blessé!

BRUNEL, *qui est redescendu avec Clara, à Randel.*

Il ne faut pas vous étonner de cette petite guerre, docteur; c'est une habitude.

RANDEL, *qui a observé et qui regarde Juliette.*

Ah! Juliette querelle M. Vernois?

CLARA.

Dès qu'il est là... Et à peine est-il parti qu'elle le défend.

VERNOIS.

En vérité?

JULIETTE, *interrompant vivement.*

Mon Dieu! nous causons là, et nous n'avons même point demandé au docteur s'il avait dîné.

RANDEL.

Mais du tout.

JULIETTE.

Voyez-vous... Je cours donner les ordres.

CLARA.

Et moi, je vais faire préparer son appartement (*Juliette entre à droite; Clara sort par la gauche.*)

BRUNEL.

C'est cela; pendant ce temps, je passerai chez M. de Guernet. *

RANDEL.

Ah! vous connaissez M. de Guernet?

BRUNEL.

Depuis notre arrivée aux Brisaies, seulement; c'est madame Brunel qui me l'a présenté. Il a promis de me recommander à son oncle.

VERNOIS.

Pour de l'avancement?

BRUNEL.

J'y ai droit; le secrétaire particulier du garde des sceaux était mon camarade de classe.

* Vernois, Randel, Brunel.

RANDEL.

Ah! c'est juste ; c'est là votre spécialité! vous avez fait vos classes avec une foule de gens de mérite... Et alors, c'est comme si vous en aviez...

VERNOIS.

Toujours railleur !

BRUNEL.

Oh! le docteur n'épargne personne. Depuis que je le connais, il est mécontent. Et cependant, voyons, de quoi avez-vous à vous plaindre? N'êtes-vous pas riche, célèbre, académicien, officier de la Légion d'honneur? Que vous faut-il donc pour être satisfait?

RANDEL.

Mon Dieu !... n'être rien de tout cela, peut-être.

VERNOIS.

Que dites-vous?

RANDEL.

Savez-vous ce que m'ont rapporté les avantages que vous venez d'énumérer? La science m'a appris combien il y avait d'ignorants, la célébrité m'a valu des ennemis, la fortune des procès. J'ai ainsi successivement tout essayé, et j'ai reconnu que les meilleures choses du monde avaient été gâtées par la sottise ou par la méchanceté des hommes. Voilà pourquoi, mon cher Brunel, je suis toujours du parti des frondeurs. Je vois ce qui est, je dis ce que je vois, dans le monde on appelle cela être méchant, et l'on me hait comme les voleurs haïssent les réverbères... parce qu'ils éclairent.

BRUNEL, *riant.*

Mais alors, comment pouvez-vous vivre dans un monde où vous trouvez tout mal?

RANDEL, *s'animant.*

Comment? et la science, monsieur! .. n'est-ce point là le but de la vie? On peut bien ne pas s'intéresser aux hommes, mais on s'intéresse à leurs infirmités.

BRUNEL.

Pour les guérir?

RANDEL.

Non, pour les étudier ! On lutte contre la nature, on surprend ses secrets, on force la maladie à vous obéir. Oh! c'est alors que l'on sent son pouvoir, son intelligence !... (*S'arrêtant avec moquerie.*) Mais vous ne sentez pas cela, vous !

BRUNEL.

Encore une épigramme... (*Riant.*) Il ne peut pas s'empêcher d'en lancer. Aussi, à Paris, tous les gens ridicules lui font la cour pour être épargnés ; grâce à son esprit, il est l'intime de tous les imbéciles.

RANDEL, *lui tendant la main.*

Adieu, mon bon ami.

BRUNEL.

Au fait, je m'oublie... Adieu, docteur... (*A Vernois.*) Au revoir, mon cher. (*Il sort par le fond.*)

SCÈNE IV.

RANDEL, VERNOIS.

RANDEL, *regardant Brunel sortir.*

En voilà un qui est sûr d'arriver au royaume du ciel... et de faire son chemin dans le royaume de France.

VERNOIS.

Eh !... il y occupe déjà une certaine position. Et, avec cela marié à une femme charmante !...

RANDEL.

Qui se moque de lui ; c'est un grand bonheur.

VERNOIS.

Comment ?

RANDEL.

Sans doute, c'est un dérivatif. Tant qu'elle se vengera par des épigrammes de l'avoir épousé, il n'aura pas à craindre de vengeance plus sérieuse ; mais si jamais elle arrive à avoir des égards !... Ah ! monsieur ! une femme qui cesse de faire la guerre à son mari, c'est comme un Arabe qui parle de paix ; on peut être sûr qu'il y a quelque trahison.

VERNOIS.

Après tout, quoi qu'il arrive, Brunel subira les conséquences de son calcul : il a voulu s'enrichir en se mariant...

RANDEL, *le regardant.*

Pardieu ! vous êtes bien ennemi des mariages d'argent.

VERNOIS, *avec hauteur.*

Cela vous étonne, monsieur ?

RANDEL.

Du tout, je vois que vous avez la ferveur des nouveaux convertis.

VERNOIS.

Moi ?

RANDEL, *le regardant avec intention.*

Les grosses dots vous paraissaient moins immorales avant le mariage de mademoiselle Bertier ?

VERNOIS, *tressaillant.*

Qui vous a dit ?...

RANDEL.

On vous a préféré un agent de change, et depuis vous avez horreur des riches héritages...

VERNOIS, *embarrassé.*

Monsieur...

RANDEL.

Mon Dieu ! je ne vous en fais pas un reproche ; à votre place tout autre en eût fait autant... moi le premier... c'est toujours la fable du renard et des raisins. Seulement il ne fallait pas vous décourager si vite ; puis qu'ils étaient trop verts chez M. Bertier, il fallait chercher ailleurs.

VERNOIS, *amèrement.*

Pour essuyer un nouveau refus !

RANDEL.

Qui vous dit cela ? Il y a encore des pères qui, au lieu de placer leurs filles à fonds perdus entre les mains d'un imbécile les donnent à des gendres habiles, qui savent tirer parti de leur nouvelle position. Une dot, voyez-vous, ressemble à un instrument ; il faut savoir en jouer, et vous avez pour cela tout ce qu'il faut, de l'intelligence, de l'activité...

VERNOIS, *s'intéressant.*

Oui... mais... la demoiselle ?...

RANDEL.

C'est-à-dire la dot ! ah ! voilà ce qu'il faudrait trouver ! malheureusement je n'ai ni fille... ni nièce... ni pupille... car Juliette n'est plus sous ma tutelle... ce qui ne l'empêche pas, comme vous voyez, de disposer de mon temps et de me forcer à quitter ma clientèle régulièrement tous les trimestres ; cela devient un véritable fléau ; et, malheureusement, il n'y a qu'un remède.

VERNOIS.

Celui que vous avez indiqué tout à l'heure ?

RANDEL.

Lui-même : aussi, mon cher M. Vernois ; si vous pouviez trouver quelque garçon d'esprit qui voulût épouser une dot de deux cent mille écus, accompagnée d'une jolie femme, je regarderais cela comme un service personnel.

VERNOIS.

Bien des gens s'estimeraient heureux de vous le rendre.

RANDEL.

Connaissez-vous quelqu'un ? je le présenterai.

VERNOIS.

Permettez ; mademoiselle de Rivaud est difficile, l'expérience le prouve, et le désir de lui agréer ne suffirait pas, il faudrait connaître le moyen de lui plaire.

RANDEL.

Mon Dieu ! rien de plus facile ! il n'y aurait qu'à ne point prendre garde à elle... comme vous faites... Qu'à se montrer triste et mécontent... encore comme vous faites... Qu'à lui parler enfin d'aspirations secrètes, de choix libre, de sympathie... toujours comme vous faites; elle se laissera prendre infailliblement. Les femmes n'ambitionnent rien autant que ce rôle de garde-malade d'un cœur désenchanté. Voyez plutôt l'intérêt que vous inspirez à Juliette.

VERNOIS.

Moi?...

RANDEL.

Elle ne laisse pas tomber une seule de vos paroles sans y répondre; elle combat vos découragements; elle essaye tous les moyens de vous donner de la confiance... mais vous ne l'aidez pas.

VERNOIS, *vivement.*

Quoi! vous pensez...

RANDEL., *l'interrompant.*

Je ne pense rien, je regarde seulement et je vois.

VERNOIS.

Oh! s'il était vrai!

RANDEL.

Pardon, voici quelqu'un... Eh! c'est M. de Guernet!

SCÈNE V.

LES MÊMES, DE GUERNET. *

DE GUERNET.

Ah! docteur, je viens d'apprendre votre arrivée.

RANDEL, *lui donnant la main.*

Parbleu! j'allais vous faire demander, mon jeune ami, car je viens aussi un peu pour vous.

VERNOIS.

Comment! M. de Guernet serait-il malade sans le savoir?

RANDEL.

J'en ai peur. Avant mon départ je suis passé au ministère, où j'ai vu son oncle le général (*à de Guernet*) et je l'ai trouvé sérieusement irrité.

DE GUERNET.

Contre moi?

RANDEL.

Il prétend qu'il vous a écrit trois fois sans recevoir de réponse, et qu'il vous attend environ depuis un mois.

DE GUERNET.

Aussi vient-il de me faire expédier l'ordre officiel de rejoindre mon régiment à Paris. Je voudrais en vain désormais retarder mon départ.

* De Guernet, Randel, Vernois.

VERNOIS.

De sorte que vous veniez pour prendre congé ?

DE GUERNET, *soupirant.*

Il le faut bien !

RANDEL.

Dans ce cas, mon cher ami , je vous enlève ! nous partirons demain matin.

DE GUERNET.

Ce sera pour moi un honneur et un plaisir.

RANDEL.

Alors c'est convenu. (*Le jour a baissé... demi-nuit.*)

SCÈNE VI.

LES MÊMES , FÉLIX, *arrivant par la gauche avec un flambeau.*

FÉLIX, *à Randel.*

Monsieur le docteur est servi.

RANDEL.

Ah ! fort bien... et ces dames ?

FÉLIX, *montrant à droite.*

Elles sont au salon.

RANDEL, *à de Guernet.*

Allez leur faire vos adieux... Venez vous, monsieur Vernois ?

VERNOIS, *qui est resté pensif.*

Pardon ; je vous demanderai la permission de rentrer chez moi..

RANDEL.

Liberté entière... (*Bas , en regardant Vernois.*) Ce que j'ai dit le fait réfléchir... (*Haut.*) A tout à l'heure, messieurs.

DE GUERNET.

Au revoir, docteur... (*Vernois, sort par la porte du premier plan, à gauche : Randel, par la porte du second plan, du même côté, il est suivi par Félix, qui porte la lumière. De Guernet va pour sortir par la droite.*) Je vais rejoindre ces dames.

DE GUERNET, *seul , au moment de sortir par la seconde porte, à droite, revient sur ses pas. — Il fait nuit sur le théâtre.*)

C'est-à-dire les rejoindre... si madame Brunel est là je ne pourrai parler à mademoiselle de Rivaud... en supposant même que j'en aie la hardiesse !... et cependant je ne puis partir sans savoir ce que je dois espérer !... Voyons... du courage... j'y suis bien décidé... (*Il fait un mouvement pour sortir et revient.*) Pourvu que je la trouve seule !... N'importe, dans tous les cas rien ne m'arrêtera... Je ne me suis jamais senti tant de résolution ; allons, voyons, pas de faiblesse...

SCÈNE VII.

DE GUERNET, JULIETTE, *entrant par la seconde porte à droite,
une bougie à la main.*

JULIETTE, *à la cantonade.*

J'y vois, ma cousine, ne vous dérangez pas.

DE GUERNET, *à part.*

Mademoiselle de Rivaud !

JULIETTE, *à elle-même.*

C'est bien le moins que j'y tienne compagnie à ce cher docteur.

DE GUERNET, *à part.*

Elle est seule... il n'y a pas à balancer...

*(Juliette passe devant la fenêtre du fond, pour entrer dans la salle à
manger, à gauche ; la flamme de la bougie vacille.)*

JULIETTE, *plaçant sa main devant la bougie.*

Dieu ! quel vent ! et on a laissé cette fenêtre ouverte... *(Elle s'ap-
proche de la fenêtre pour la refermer ; le vent éteint sa bougie.)*
Ah !...

DE GUERNET, *avec joie.*

Très-bien !

JULIETTE, *se retournant dans l'obscurité.* *

Comment ?...

DE GUERNET, *à part.*

Maintenant j'oserai.

JULIETTE, *qui a déposé son bougeoir sur la table, à gauche.*

Je croyais avoir entendu parler.

DE GUERNET, *à demi voix.*

Vous ne vous êtes pas trompée.

JULIETTE, *reculant, avec un cri d'effroi.*

Ah ! qui est là ?

DE GUERNET.

Oh ! ne craignez rien, mademoiselle !

JULIETTE, *reculant toujours.*

Que voulez-vous ? que demandez-vous ?

DE GUERNET.

Une réponse à la lettre que vous avez reçue.

* Juliette, de Guernet.

JULIETTE, *vivement.*

Celle du bouquet ?

DE GUERNET.

Précisément.

JULIETTE, *se rapprochant vivement.*

De sorte que c'est vous, monsieur... Mais qui êtes-vous enfin ?...
d'où vient ce mystère ?... Pourquoi se cacher ?

DE GUERNET.

Parce que je n'osais parler ! parce que j'espérais, follement sans
doute ! que vous finiriez par me deviner... parce que je trouvais enfin je ne sais quel charme à cette adoration cachée.

JULIETTE, *à part.*

Que dit-il ?

DE GUERNET, *s'animant.*

Tout à l'heure encore j'étais indécis ; j'aurais peut-être gardé le
silence sans votre arrivée subite, sans cette obscurité qui m'enhar-
dit.

JULIETTE, *reculant un peu.*

Monsieur... (*Vernois paraît à la porte.*)

DE GUERNET.

Ah ! que pouvez-vous craindre ! ne voyez-vous pas que je tremble... Tout ce que je vous demande, c'est un mot d'encouragement
et d'espérance, ne me le refusez pas !

VERNOIS, *sortant de la chambre, à gauche.*

Quelle est donc cette voix ? *

DE GUERNET.

Oh ! parlez ! parlez, de grâce, car dès demain je dois repartir...**

JULIETTE.

Vous !

DE GUERNET.

Que ce ne soit pas au moins sans avoir appris si je pouvais faire
agréer mon amour...

VERNOIS.

Ciel !...

* Vernois, Juliette, de Guernet.

** Juliette, Vernois, de Guernet.

JULIETTE, *qui a entendu.*

Quelqu'un!

DE GUERNET.

On nous écoutait!

JULIETTE, *troublée.*

Ah! je vous en conjure, monsieur, sortez...

DE GUERNET, *cherchant la porte à tâtons.*

La porte doit être de ce côté.

VERNOIS, *qui a gagné la porte du fond.*

Ah! je saurai qui parlait de son amour à mademoiselle de Ri- vaud... *(Il cherche le cordon de la sonnette et le tire; on entend la sonnette retentir.)*

JULIETTE.

Dieu!... écoutez...

DE GUERNET, *regardant à la porte, à gauche:*

On vient par cette porte... Que faire!... *(A part, en rencontrant la fenêtre.)* Ah!... la fenêtre! *(Il escalade la fenêtre du fond à droite, et disparaît.)*

JULIETTE, *qui voit la lumière paraître, à gauche.*

C'est un domestique... Il est trop tard, monsieur, restez! *(Vernois, vu à la fenêtre par laquelle de Guernet s'est échappé et regarde au dehors.)*

SCÈNE VIII.

LES MÊMES, FÉLIX, *avec des flambeaux.*

FÉLIX. *

Mademoiselle a demandé des lumières?...

JULIETTE.

Oui... mettez sur cette table... *(Se retournant et apercevant Ver- nois.)* Dieu! M. Vernois!

VERNOIS, *à part regardant la fenêtre.*

Il est parti... j'en suis pour mes frais de curiosité. *(S'approchant, un peu embarrassé.)*

Je ne sais, en vérité, mademoiselle, comment me faire excuser...

JULIETTE.

Ainsi... c'est vous, monsieur, qui étiez là...

VERNOIS.

Je dois l'avouer... l'obscurité et l'occasion m'ont tenté.

* Félix, Juliette, Vernois.

JULIETTE, *à part.*

La lettre, le bouquet, tout était de lui !

VERNOIS.

J'aurais dû sans doute me montrer moins curieux de connaître un secret... que mademoiselle désire cacher.

JULIETTE.

Monsieur, je vous en prie...

VERNOIS.

Du reste, mon indiscrétion a été inutile; car vous n'avez point répondu tout à l'heure à l'importante question qui vous était adressée... (*Mouvement de Juliette.*) Je me tais?... mais comment dois-je interpréter l'ordre qui m'impose silence ! est-ce un témoignage de ressentiment ou de clémence?...

JULIETTE, *baissant les yeux, et jouant avec son bouquet.*

Vous voulez le savoir...

VERNOIS.

Je vous en supplie... (*Juliette détache de sa ceinture le bouquet apporté par de Guernet, et le laisse tomber aux pieds de Vernois; celui-ci, qui ne comprend pas, la regarde.*) Hein? (*Juliette lui montre le bouquet, à terre, il se baisse pour le relever, Brunel paraît dans ce moment à la porte du fond.*)

SCÈNE IX.

LES MÊMES, BRUNEL *.

BRUNEL.

Ah ! mon Dieu !

JULIETTE.

M. Brunel !

VERNOIS, *qui se retourne.*

Qu'y a-t-il donc ?

BRUNEL.

Comment, ce qu'il y a ? mais ce bouquet !

VERNOIS.

Et bien! madame l'a laissé tomber...

JULIETTE, *vivement.*

Par maladresse... et monsieur me le rend...

* Juliette, Brunel, Vernois.

BRUNEL.

Par politesse... alors c'est un hasard ?...

VERNOIS.

Que voulez-vous que ce soit ?

BRUNEL.

Ah! au fait c'est que tu ne sais pas, mon cher... ces fleurs ont été envoyées par notre inconnu.

VERNOIS.

En vérité.

JULIETTE, *voulant interrompre*.

Qu'importe à monsieur ?

BRUNEL, *continuant*.

Avec un billet dans lequel l'adorateur mystérieux priait ma cousine de lui faire savoir qu'elle agréait son amour en laissant tomber le bouquet à ses pieds...

VERNOIS, *à part*.

Se peut-il !

BRUNEL.

Voilà pourquoi j'ai été saisi quand je t'ai vu le relever.

VERNOIS.

Ah! je comprends !

BRUNEL.

Du reste, je saurai bientôt à quoi m'en tenir ; je suis sur la piste de notre poursuivant... Mais pardon... je cherche madame Brunel.

VERNOIS, *vivement, montrant la droite*.

Elle est là... au salon.

BRUNEL.

Très-bien... veuillez m'excuser. (*Il sort par la seconde porte à droite.*)

SCÈNE X.

VERNOIS, JULIETTE.

VERNOIS, *vivement à Juliette*.

Ah! maintenant, répétez-moi que Brunel ne s'est point trompé, mademoiselle... ce bouquet vous l'avez laissé tomber volontairement?

JULIETTE, *les yeux baissés*.

Vous me reprochiez de n'avoir point répondu à la question qui m'avait été faite ?

VERNOIS, *vivement*.

Et ces fleurs étaient une réponse ?... une réponse qui s'adressait bien à moi ?

JULIETTE, *un peu étonnée.*

Pouvais-je donc l'adresser à un autre?

VERNOIS, *vivement.*

Non ! vous avez raison ! mais si vous saviez quelle est ma sur-
prise... ma joie... (*Il va à elle et lui prend la main.*) Chère Juliette!... car je ne me suis pas trompé, n'est-ce pas? vous avez
compris... mes douleurs cachées... vous vous êtes enfin laissée tou-
cher par mon amour... silencieux !

JULIETTE.

Oh! bien silencieux ! pendant un mois entier ne pas prononcer
un seul mot !

VERNOIS, *qui embrasse les mains de Juliette.*

Je suis si timide.

JULIETTE, *retirant ses mains.*

Vous...

VERNOIS.

Et puis je me sentais trop indigne du bonheur que je rêvais ; j'é-
tais comme écrasé par la conscience de mon infériorité... Il y a un
instant encore, je ne songeais point à parler.

JULIETTE.

Et c'était là ce qui vous faisait quitter les Brisaies.

VERNOIS, *étonné.*

Quitter les Brisaies?... (*Se reprenant.*) Oui... oui... (*Avec une
passion jouée.*) Je fuyais, emportant dans mon cœur le trait qui
l'avait déchiré!... car vous ne savez pas à quel point je vous aime,
Juliette. Ah! regardez-moi, parlez-moi; répétez-moi que je ne dois
point partir.

JULIETTE, *lui mettant la main sur la bouche.*

Oh! ne prononcez plus ce mot-là... (*Randel paraît à gauche.*)

VERNOIS, *prenant sa main.*

Ainsi, cette main... vous me la donnez?...

JULIETTE, *souriant.*

Puisque vous l'avez prise.

VERNOIS.

Ah! Juliette, vous êtes un ange...(*Il prend les deux mains de
Juliette, qu'il baise avec ardeur; de Guernet paraît au fond.*)

SCÈNE XI.

LES MÊMES, DE GUERNET, RANDEL. *

DE GUERNET.

Dieu!

* Randel, Juliette, Vernois, de Guernet.

JULIETTE, *s'éloignant de Vernois.*

M. de Guernet!

RANDEL.

Ne vous dérangez donc pas... je vois que vous êtes occupés.

JULIETTE, *allant à Randel.*

Ah! je vous en prie, docteur.

RANDEL.

Allons donc, vous vous trompez. ma chère, ce titre ne m'appartient pas... (*Montrant Vernois.*) Voilà le vrai docteur... celui qui a su vous guérir...

DE GUERNET, *s'approchant vivement.*

M. Vernois!...

VERNOIS.

J'espère que M. de Guernet ne refusera point d'être un des témoins de mon bonheur.

DE GUERNET, *avec un effort douloureux.*

Moi!... c'est impossible, monsieur... je pars ce soir même.

RANDEL.

Comment... mais ce n'était que demain.

DE GUERNET.

Non... je ne dois point rester plus longtemps... je ne le puis... Je prie mademoiselle de Rivaud de recevoir mes souhaits de bonheur... avec mes adieux !...

JULIETTE, *saluant.*

Monsieur !... (*De Guernet sort par le fond.*) Qu'est-il donc arrivé à M. de Guernet?

RANDEL.

Je ne sais; il a l'air tout troublé.

SCÈNE XII.

LES MÊMES, BRUNEL, CLARA, *entrant par la droite.*

BRUNEL, *à Clara.*

Je vous répète, ma chère, que je fais vérifier l'écriture et que je saurai bientôt...

RANDEL.

Quoi donc?...

BRUNEL. *

Le nom de l'amant inconnu de ma cousine...

* Randel, Juliette, Clara, Vernois, Brunel.

RANDEL.

C'est là ce que vous cherchez... c'est inutile... il est découvert.

CLARA.

Comment ?

RANDEL, *montrant Vernois, qui tient la main de Juliette.*
Le voilà !

BRUNEL.

Ah bah !

CLARA.

M. Vernois...

JULIETTE.

Oui, chère Clara, lui-même s'est trahi !

BRUNEL, *stupéfait, à lui-même.*
Ah ça... mais je suis bien éveillé pourtant !... (*A Vernois.*) Comment, c'est toi qui... et c'est pour ma cousine que... (*A part.*) Il faut qu'il y ait un mal-entendu...

VERNOIS, *inquiet, l'attirant à droite.*
Que veux-tu dire ?...

BRUNEL, *bas.*
Je veux dire que les galantes prévenances dont parle ma cousine ne venaient point de toi...

VERNOIS, *bas.*
Comment sais-tu...

BRUNEL, *bas.*
Parce que le billet n'est pas de ton écriture...

VERNOIS.

Silence !...

BRUNEL.

BRUNEL.

Non, non... je veux que l'on vérifie le billet. (*Il tire de sa poche le billet trouvé dans le bouquet.*)

VERNOIS, *tirant un autre billet de sa poche.*
Alors on vérifiera également celui-ci.

BRUNEL, *regardant.*
Hein ? qu'est-ce que c'est ?... l'écriture de Florestine.

VERNOIS.

Lettre pour lettre.

BRUNEL, *effrayé.*
Je me tairai... je me tairai.

FIN DU PREMIER ACTE.

ACTE II.

Le théâtre représente un salon, portes au fond, à droite et à gauche. — A droite une fenêtre dont le rideau est baissé. — Juliette et Clara travaillent à gauche, près d'un guéridon ; Vernois et Brunel sont à droite et lisent chacun un journal ; près d'une table, Vernois est assis ; Brunel debout sur le second plan. — La porte du fond, qui est ouverte, laisse voir une seconde pièce avec une bibliothèque et une table sur laquelle sont des livres.

SCÈNE I.

CLARA, JULIETTE, *assises*, BRUNEL, *debout*, VERNOIS , *assis.*

VERNOIS, *lisant le journal.*

C'est inouï !... les journaux ne disent rien de la dissolution de la chambre...

BRUNEL, *lisant le journal.*

Tiens, notre procureur général qui vient d'être nommé officier de la Légion d'honneur.

VERNOIS, *qui parcourt le journal.*

Ah ! ah ! la rente a fléchi.

BRUNEL, *regardant son journal.*

C'est ma foi vrai !... Cinq centimes de baisse !... il pourrait bien y avoir une crise ministérielle. (*Clara se lève et s'avance vers Brunel et Vernois, comme pour les interrompre.*)

VERNOIS, *se levant.*

Je prévoyais ce contre-coup. Tu sais que je t'avais parlé de la question égyptienne ?

BRUNEL.

En effet.

VERNOIS, *lui prenant le bras, passe près de Clara sans prendre garde à elle, et amène Brunel dans le fond.*

J'ai là-dessus des idées particulières... vois-tu... c'est une question géographique... (*Il s'arrête avec Brunel devant une carte placée au fond.*) Tu n'as qu'à considérer la position du Delta...

CLARA , *qui a donné des signes d'impatience.* *

Comme c'est amusant d'entendre toujours parler de la chambre

* Juliette, Clara,

des députés, de la rente, du Delta... (*A Juliette.*) Est-ce que votre
mari ne cause jamais d'autre chose, ma chère Juliette?

JULIETTE.

Rarement!...

CLARA.

Ah! mon Dieu! il est donc bien changé depuis deux années?

JULIETTE, *tristement.*

Plus changé que vous ne pouvez croire, Clara.

CLARA, *la regardant.*

Comme vous dites cela.

JULIETTE, *se lève et regarde autour d'elle. Dans ce moment, Brunel et
Vernois passent dans la pièce que l'on aperçoit au fond, et consul-
tent un atlas posé sur une table.*

Arrivée seulement d'hier à Dieppe, vous n'avez pu remarquer encore les nouvelles habitudes de M. Vernois... mais vous en jugerez.

CLARA.

J'ai cru déjà m'apercevoir qu'il s'occupait moins de vous; mais
il cède sans doute à l'entraînement du monde...

JULIETTE.

Oh! non... ne vous y trompez pas! Sous son apparente légèreté,
M. Vernois cache une passion sérieuse. S'il se mêle à la société la
plus brillante, la plus agitée, c'est qu'il espère s'en servir.

CLARA.

Est-ce possible? lui qui, lors de votre mariage, parlait de vivre
dans la retraite.

JULIETTE.

Ses désirs d'élévation ne s'étaient point encore éveillés. Alors sans
fortune et sans protecteurs, il ne pouvait rien espérer, et l'impossibi-
lité le rendait sage; mais la révolution de juillet est venue lui ouvrir
une carrière inespérée.

CLARA.

Elle l'a fait entrer au conseil d'Etat et le conduira bientôt à la
chambre, car il se présente aux électeurs d'Orléans...

JULIETTE.

Oui, et depuis ces préoccupations nouvelles, la vie privée a été
sacrifiée: j'aperçois à peine M. Vernois quelques instants chaque
jour, encore ses yeux ne rencontrent-ils plus les miens... j'ai vai-
nement essayé tout ce qui pouvait le ramener; mes efforts ont été
inutiles... Enfin, j'ai senti que l'indifférence était contagieuse...

CLARA.

De sorte que vous êtes plus tranquille maintenant?

JULIETTE, *avec émotion.*

Maintenant... (*S'arrêtant court.*) Laissons cela, de grâce... la dou-

leur est égoïste, et je ne vous entretiens que de moi. Parlons de
vous, chère cousine... vous, du moins, vous êtes heureuse ?

CLARA.

Mon Dieu ! je crois que oui ! Vous savez que moi, Juliette, je suis
une étourdie ; il n'y a jamais eu de sérieux dans ma vie que notre
amitié. Du reste, je n'ai pas à me plaindre de M. Brunel ; c'est un
excellent mari... pour un substitut.

JULIETTE.

Comment, pour un substitut ?

CLARA.

Sans doute. L'habitude de faire des réquisitoires l'a rendu soupçonneux : il prétend qu'il ne veut pas être ridicule, parce que cela
pourrait nuire à son avancement... c'est sa grande phrase.. Aussi me
fait-il souvent des scènes...

JULIETTE.

Dont vous vous fâchez ?

CLARA.

Du tout!... Je me plais au contraire à exciter ses inquiétudes... à
le tourmenter... ça m'amuse... on a si peu de distractions en pro-
vince...

SCÈNE II.

LES MÊMES, RANDEL, *qui est entré par la gauche, et qui a entendu
les derniers mots de madame Brunel.*

RANDEL, *se montrant.*

Et la jalousie de M. Brunel en est une ?

JULIETTE.

Ah ! le docteur... (*Elle lui donne la main.*)

BRUNEL, *qui reparaît à la porte du fond avec Vernois.*

Comment une jalousie ? *

CLARA.

Vous allez nier, peut-être !... Il passe sa vie à étudier, dans la *Ga-
zette des Tribunaux*, toutes les manœuvres que l'on peut employer
contre un mari... ce qui n'empêche pas que si l'on voulait bien...

BRUNEL, *tressaillant.*

Plaît-il ?

CLARA, *riant.*

Ah! ah! ah !

VERNOIS, *riant.*

Ah! ah! ah!

* Randel, Juliette, Clara, Brunel. Vernois.

RANDEL, *riant.*

Ce pauvre Brunel !

BRUNEL, *inquiet.*

Comment ! ce pauvre Brunel !... que signifie ?...

VERNOIS, *riant.*

Cela signifie, mon cher, qu'un homme en place ne peut pas perdre son temps ; qu'il doit songer aux affaires publiques et non à sa femme. (*Juliette remonte vers le guéridon, à gauche.*)

RANDEL.

D'autant qu'il y en a toujours d'autres qui s'en occupent pour lui. Ainsi, je viens de trouver tout à l'heure M. de Guernet faisant tous les préparatifs de la promenade projetée par ces dames.

BRUNEL.

Une promenade ?

CLARA.

Le long des grèves... C'est une partie que nous avons arrangée hier avec le capitaine.

RANDEL.

Au fait... c'est pour vous un ancien ami... la campagne de sa mère touchait à celle de votre tante...

CLARA.

Nous avons été élevés presque ensemble ; aussi j'ai été bien heureuse de le voir, ce cher Alfred !

BRUNEL, *à part, avec inquiétude.*

Elle l'appelle par son petit nom !

CLARA.

Mais je ne sais encore ce qui arrivera ; nos places sont arrêtées sur le paquebot qui part ce soir.

JULIETTE, *vivement.*

Mais vous m'avez promis de rester quelques jours à Dieppe ; M. Brunel devait parler au capitaine et faire débarquer les bagages.

BRUNEL.

C'est vrai.

VERNOIS.

Il faudrait y aller tout de suite, alors.

CLARA.

C'est cela... je vais écrire quelques lettres que vous porterez en même temps. (*A Randel.*) Je vous reverrai, docteur.

RANDEL.

Ce soir, au bal de madame d'Arven. (*Brunel et Clara sortent par le fond ; Randel revient vers Juliette.*)

RANDEL. *

A propos de lettres... j'allais oublier,... j'en ai reçu une hier de votre frère de lait.

* Randel, Juliette, Vernois.

JULIETTE.

De Claude Durand?

RANDEL.

Oui : il me parle d'une affaire qu'il vous avait recommandée.

JULIETTE.

Mon Dieu ! j'attends toujours un résultat. (*Allant à Vernois.*) Vous m'aviez promis, monsieur, d'appuyer sa réclamation.

VERNOIS, *qui a repris le journal.*

Moi ?... ah ! en effet... je crois maintenant me rappeler...

JULIETTE.

Vous l'aviez donc oublié ?

VERNOIS.

Non, mais j'ai réfléchi.

JULIETTE.

Comment ?

VERNOIS.

Voyez-vous, ma chère, les recommandations sont choses fort dangereuses : on fatigue les ministres. Un homme politique est obligé de ménager son crédit, de l'employer dans l'intérêt de ses principes et de sa position.

BAUDEL, *ironiquement.*

Certainement... il se doit à lui-même...

JULIETTE, *s'animant.*

Ainsi, monsieur, peu vous importe qu'il s'agisse d'un jeune homme instruit, pauvre, digne de tout votre intérêt, et qui est le seul appui de sa famille ?

VERNOIS, *légèrement.*

Eh ! ma chère, tout le monde a une famille !

JULIETTE, *vivement.*

Mais tout le monde n'a pas des droits, monsieur, et ceux de Claude Durand sont incontestables : vous le disiez vous-même...

VERNOIS, *d'un ton distrait.*

Eh bien, à la bonne heure... je verrai... j'écrirai. (*De Guernet paraît à la porte du fond.*)

JULIETTE, *amèrement.*

Oui ; à votre loisir !... et pendant ce temps la place que Claude sollicite sera accordée à un autre.

SCÈNE III.

LES MÊMES, DE GUERNET, *se montrant.* *

DE GUERNET.

Rassurez-vous, madame...

JULIETTE.

M. de Guernet !

DE GUERNET.

M. Claude Durand vient d'être appelé à l'emploi qu'il désirait.

JULIETTE.

Comment savez-vous, monsieur ?

DE GUERNET.

Pardon, madame ; je vous avais entendue recommander si vivement votre protégé à M. Vernois, que j'ai voulu joindre ma faible influence à la sienne. Bien que je n'y fusse pas autorisé par vous,
j'ai écrit à mon oncle, et lui-même m'annonce aujourd'hui que le
brevet va être expédié.

VERNOIS, *à part.*

A la bonne heure ; j'aime mieux cela.

JULIETTE, *émue.*

Ah ! monsieur... comment vous remercier !... on repoussait mes
prières, et vous, à qui je n'avais rien demandé, vous la préveniez !
Grâce à vous, j'aurai fait un heureux ! c'est plus qu'un service, monsieur, c'est un bienfait... et je ne l'oublierai pas !

DE GUERNET, *saluant.*

Madame...

VERNOIS, *à de Guernet.*

Mais comment avez-vous appris ? le courrier est donc arrivé ?

DE GUERNET.

A l'instant.

VERNOIS.

Ah ! mille grâces !... j'attends des nouvelles au sujet de mon élection... je laisse Juliette pour vous tenir compagnie...

JULIETTE, *vivement.*

Pardon... je désirerais moi-même annoncer sur-le-champ à Claude
Durand la réussite de ses espérances... monsieur m'excusera. (*Elle
salue de Guernet, qui lui rend son salut, et elle sort par la droite.*)

RANDEL, *à Vernois.*

Et vous, mon cher Vernois, n'oubliez pas que vous devez me présenter à l'ambassadrice, madame d'Arven.

* Randel, de Guernet, Juliette, Vernois.

VERNOIS.

C'est convenu. (*Il sort par le fond.*)

RANDEL, *à de Guernet.* *

Je veux lui faire essayer mon traitement électro-névralgique...
Jusqu'à présent je n'ai guéri que de pauvres diables et ma découverte
est demeurée douteuse ; mais si je traite la femme d'un boyard, ma
cure deviendra un événement diplomatique, j'aurai un programme
vivant pour la publier dans toutes les cours de l'Europe.

DE GUERNET, *avec distraction.*

Et vous pensez que la princesse consentira ?

RANDEL.

Vernois m'a promis de l'y décider. Du reste, je veux que le baron
Durvert lui parle également; je vais passer chez lui. — Ah ! capitaine que de peine pour faire accepter aux hommes un bienfait ! —
Vous-même, je parie que vous n'avez pas de confiance dans ma méthode.

DE GUERNET.

Moi, docteur ! vous vous vous trompez ! je connais trop bien votre
habileté, et, si j'avais besoin de vos ordonnances, je les suivrais
aveuglément.

RANDEL.

En vérité ! (*Lui prenant la main.*) Touchez là, vous êtes digne
d'être malade. — Malheureusement vous vous portez bien, de sorte
que votre bonne volonté est inutile. — Venez-vous chez le baron ?

DE GUERNET.

Non... je reste...

RANDEL.

Adieu donc.

DE GUERNET.

Adieu, docteur. (*Randel sort par le fond.*)

SCÈNE IV.

DE GUERNET, *seul.*

Oui, je reste... A tout prix je veux parler à Juliette... Maintenant
il me semble que j'en aurai le courage. Cette lettre que j'ai osé lui
écrire, il faut qu'elle y réponde, que je sache enfin si elle m'évite
par froideur ou par prudence ; je ne puis demeurer longtemps dans
cette incertitude... Ah !... on vient de ce côté... (*Il regarde à la porte
de la chambre, à droite.*) C'est elle ! l'occasion ne saurait être plus
favorable

BRUNEL, *à la cantonade, à gauche.*

Oui, madame.

* Randel, de Guernet.

CLARA.

C'est assez, monsieur...

DE GUERNET, *regardant à gauche.*

(*A part.*) Ciel ! M. et madame Brunel !... laissons-leur le temps de s'éloigner !... (*Il court au balcon à droite, et se cache derrière le rideau.*)

SCÈNE V.

CLARA, BRUNEL, JULIETTE, DE GUERNET, *caché.*

BRUNEL, *entrant par la gauche.*

Je vous répète que cela n'est pas convenable.

CLARA.

Et moi je vous répète que cela me convient.

JULIETTE, *entrant par la droite.*

Qu'y a-t-il donc?

CLARA.

Ah! ma chère, encore une folie de M. Brunel ! ne veut-il pas s'opposer à la promenade arrangée avec le capitaine.

JULIETTE.

Et pourquoi cela ?

BRUNEL.

Mon Dieu... pour mille raisons!

CLARA.

Oui, encore quelque vision de jaloux.

BRUNEL.

Eh bien! quand cela serait? j'ai des motifs légitimes.

JULIETTE, *vivement.*

Que voulez-vous dire ?

CLARA.

Il n'en sait rien.

BRUNEL.

Pardonnez-moi, pardonnez-moi ! je sais que M. de Guernet a eu autrefois des idées...

CLARA.

Et comme cela ne vous est jamais arrivé?...

BRUNEL, *interrompant.*

Il ne s'agit pas de plaisanterie, Clara, je vous répète que je le soupçonne d'avoir voulu vous faire la cour.

CLARA.

A moi?

JULIETTE, *vivement.*

Quand cela?

BRUNEL.

Il y a deux ans, lorsque nous habitions les Brisaies. Vous vous rappelez bien ces fleurs et cette lettre envoyées à l'une de vous...

CLARA.

C'est-à-dire à Juliette.

BRUNEL.

Nous l'avons cru... d'abord...

CLARA.

Et ensuite nous en avons été sûrs, puisqu'elle était adressée à ma cousine par votre ami Vernois.

BRUNEL.

Eh bien... du tout !

JULIETTE.

Que voulez-vous dire ?

BRUNEL.

Je me suis tu longtemps... par discrétion... mais maintenant on peut tout avouer. La lettre n'était point de Vernois.

JULIETTE, *vivement.*

Quelle preuve avez-vous...

BRUNEL.

Parbleu ! je l'ai conservée... et il suffit de voir l'écriture...

JULIETTE, *vivement.*

Ah ! montrez !

BRUNEL, *lui donnant une lettre.*

La voici.

JULIETTE.

Ciel ! c'est la main de M. de Guernet.

BRUNEL, *vivement.*

Quand je vous le disais !

CLARA.

Est-ce possible ?

JULIETTE, *agitée.*

Oui... oui... je n'en puis douter, c'est bien son écriture.

CLARA.

De sorte que la lettre et les bouquets...

BRUNEL.

Étaient envoyés par lui ! et comme il ne se serait point caché, s'il les eût destinés à ma cousine, qui était libre, il est clair qu'ils s'adressaient à vous !

CLARA.

En vérité !... et moi qui ne me suis doutée de rien... comprenez-vous ?... Pauvre garçon !

BRUNEL, *indigné.*

Comment, pauvre garçon !

JULIETTE, *à part avec agitation.*

Ah ! je m'explique tout maintenant !

BRUNEL, *à Clara.*

D'après cela, ma chère, vous devez comprendre mon opposition à cette promenade...

CLARA.

Mais au contraire, monsieur ! c'est une précaution insultante pour moi ; un manque de confiance...

BRUNEL.

Nullement, chère amie...

CLARA.

Voulez-donc faire croire à M. de Guernet, que je le redoute ? Je tiens plus que jamais à l'exécution de notre projet.

BRUNEL.

Cependant, songez...

CLARA, *l'interrompant.*

Ah ! brisons là, monsieur... c'est une question de tact, de convenance ; vous n'avez rien à voir là dedans. *

BRUNEL, *blessé.*

Comment !... mais ma chère...

CLARA, *se retournant.*

Hein ?...

BRUNEL, *se contenant.*

Au fait j'aime mieux ne pas me fâcher... je ne veux pas lui donner de dépit, c'est trop dangereux... nous partons d'ailleurs dans quelques jours pour l'Angleterre...

CLARA.

Vous n'êtes point encore passé au paquebot pour nos bagages ?

BRUNEL, *très-aimable.*

J'y vais, chère amie. (*Il reste présentant le bras à Clara.*)

CLARA.

Vous me conduirez en même temps, je désirerais faire quelques visites... (*A Juliette qui est restée pensive.*) A toute à l'heure, Juliette.

JULIETTE, *lui donnant la main.*

Au revoir... (*Clara sort sans prendre le bras de Brunel, qui la suit par la porte du fond.*)

SCÈNE VI.

JULIETTE, *seule.*

Oui... c'est bien l'écriture de M. de Guernet. Ainsi, il a accepté ma reconnaissance sans y avoir de droits... l'amour dont j'ai cru payer le sien, c'était un autre qui l'avait recherché... J'ai été dupe d'une erreur... et d'un mensonge !... Ah ! cette douleur me manquait... (*Elle se laisse tomber assise sur un fauteuil à droite. — De*

* Brunel, Clara, Juliette.

Guernet, qui a quitté le balcon et qui s'est approché silencieusement, se met à genoux près du fauteuil.)

DE GUERNET. *

Juliette...

JULIETTE, *se levant avec un cri.*

Ciel! M. de Guernet!

DE GUERNET.

Pourquoi cet effroi?...

JULIETTE.

Vous ici !

DE GUERNET, *montrant le balcon.*

J'étais là...

JULIETTE.

Dieu!

DE GUERNET.

Maintenant, vous connaissez la vérité ! Vous savez depuis combien de temps je renfermais dans mon cœur cet amour avoué hier pour la première fois !

JULIETTE.

Monsieur...

DE GUERNET.

Maintenant, vous ne pouvez soupçonner ma sincérité, vous devez comprendre ce que j'ai souffert et vous ne serez point peut-être sans pitié...

JULIETTE, *très-troublée.*

De grâce assez, monsieur! ne touchez point à un passé que le présent défend de rappeler ; et soyez assez généreux pour ne point me forcer à rougir.

DE GUERNET.

Se peut-il ! Ainsi j'avais eu tort d'espérer ! cette émotion de tout à l'heure n'était que l'indignation d'avoir été trompée? il n'y avait, dans votre douleur ni regret pour vous-même, ni intérêt pour moi? Ah ! en me rappelant les froideurs dont vous m'accablez depuis si longtemps, le soin que vous prenez de me fuir, j'aurais dû comprendre que vous me haïssiez.

JULIETTE, *très-troublée.*

Moi!... Ah! monsieur... vous êtes injuste... pour vos amis!...

DE GUERNET, *impétueusement.*

Ah! ne me donnez pas ce titre, madame, je n'en veux pas!

JULIETTE.

Comment ?

DE GUERNET, *avec passion.*

Moi votre ami!... quand le seul bruit de vos pas me trouble;

____

* Juliette, de Guernet.

quand le son de votre voix m'enivre ; quand je sens tout mon cœur
se fondre sous vos regards !

JULIETTE, *effrayée.*

Monsieur... je vous en conjure...

DE GUERNET, *comme plus haut.*

Oh! non, madame, je veux dire enfin ce que je cache là depuis
trois années... mais ne craignez rien! cet aveu, vous ne l'entendrez
qu'une fois, une seule... car vous n'aurez point longtemps désormais
à subir ma présence,

JULIETTE.

Que dites-vous ?

DE GUERNET.

En écrivant à Paris, je sollicitais deux faveurs, l'une pour votre
protégé ; l'autre pour moi! toutes deux m'ont été accordées et je pars
pour l'Afrique.

JULIETTE.

Vous!

DE GUERNET.

J'ai longtemps lutté ; mais ma force est à bout! l'air m'étouffe ici,
la terre brûle sous mes pieds. Je sens que j'ai besoin demouvement,
de bruit, de dangers! Ah ! je remercie Dieu qu'il y ait encore un
coin de terre où l'on puisse verser son sang pour la France ; ma mort,
du moins, ne sera pas un honteux suicide ; ou n'ira pas fouiller dans
les secrets de mon âme pour en chercher la cause ; je pourrai tomber utilement et avec le nom de mon pays sur les lèvres... ne craignez rien, madame ; l'autre nom restera renfermé dans mon cœur.

JULIETTE, *se couvrant le visage.*

Oh! mon Dieu !

DE GUERNET, *avec amertume.*

Pourquoi cette émotion? depuis que je souffre en silence et que
vous le savez, ai-je pu obtenir de vous un mot, un regard ? m'avez-
vous seulement témoigné la pitié que l'on montre à un insensé? cette
lettre ou je vous ouvrais mon cœur... Vous n'avez même pas daigné
vous en offenser... vous ne l'avez point achevée peut-être !

JULIETTE, *portant les deux mains sur son cœur.*

Cette lettre !

DE GUERNET.

Ah ! si vous aviez voulu me dire seulement : Je l'ai lue; je vous
plains! Si vous aviez essayé à me guérir, à me consoler, votre
pitié m'eût peut-être rattaché à la vie.

JULIETTE, *tirant la lettre de son sein.*

Cette lettre... Tenez...

DE GUERNET.

Que vois-je!... Ah! madame.

JULIETTE, *vivement.*

Reprenez-la.

DE GUERNET, *avec transport.*

Oui... oh ! maintenant elle sera sainte pour moi, car vous l'avez gardée...

JULIETTE, *très-vivement.*

Pour vous la rendre, monsieur, pour vous supplier de renoncer à de telles poursuites. Rappelez-vous quels sont mes devoirs et vous comprendrez que nous devons nous séparer !...

DE GUERNET.

Que dites-vous ?... Quand vous semblez tourner vers moi un regard plus doux, quand je suis sûr au moins de votre pitié, je sacrifierais le premier bonheur qui m'est accordé ? Oh ! ne me le demandez pas ; le grade qui viens de m'être donné, j'y renonce, je ne veux vivre maintenant que pour vous voir, pour vous forcer à m'aimer...

JULIETTE, *effrayée.*

Monsieur !

DE GUERNET.

Ah ! demandez-moi ma vie, mon honneur, mais non de partir.

JULIETTE, *avec effort.*

Eh bien, ce sera moi alors qui vous fuirai. Je ne quitterai plus M. Vernois, je me ferai une protection et un appui de sa présence, j'éveillerai ses soupçons s'il le faut... oui, monsieur, vous l'aurez voulu.

DE GUERNET.

Ah ! madame... par grâce, écoutez-moi...

JULIETTE, *vivement.*

Taisez-vous ! c'est lui.

VERNOIS, *au dehors.*

Faites ma valise, Félix.

SCÈNE VII.

LES MÊMES, VERNOIS, *entrant vivement.*

VERNOIS. *

Ah ! je vous trouve à propos tous les deux...

JULIETTE, *embarrassée.*

Vous me cherchiez ?

VERNOIS.

Pour vous faire mes adieux.

JULIETTE.

Vous ?

* Juliette, Vernois, de Guernet.

DE GUERNET·

Comment?

VERNOIS.

Je viens d'apprendre que mon élection était compromise par une intrigue de mon concurrent....

DE GUERNET.

Se peut-il?

VERNOIS.

Voyez plutôt (*il lui remet une lettre*), mais je saurai le déjouer...Je puis encore arriver à temps en partant aujourd'hui..

JULIETTE.

Aujourd'hui...

VERNOIS·

Dans une heure, dans un instant... J'ai dit que l'on amneât ici la chaise de poste.

JULIETTE.

Mais, monsieur, vous ne pouvez partir ainsi à l'improviste ; songez...

VERNOIS.

Je songe, madame, qu'il y va de ma nomination, de tout mon avenir peut-être...

JULIETTE.

Cependant, monsieur...

VERNOIS, *d'un ton absolu.*

Je vous dis qu'il le faut, ma chère ; vous n'entendez rien à la politique... Je veux être demain à Orléans... (*A de Guernet.*) Vous m'avez promis des lettres...

DE GUERNET.

Pour les principaux électeurs : je cours les écrire.

VERNOIS·

C'est cela ! *

GUERNET, *à part.*

Il part et elle reste... Ah! tout n'est point encore désespéré... (*Il sort.*)

VERNOIS.

Pendant ce temps j'écrirai un billet d'excuse à l'ambassadrice... (*Il s'asseoit à la table et il écrit.*) Vous aurez soin de la voir pendant mon absence ; Juliette, vous savez que je suis venu surtout à Dieppe pour faire sa connaissance ; il ne faudra pas manquer sa soirée de demain.

JULIETTE.

Pardon, monsieur, mais vous savez que je suis souffrante.

VERNOIS·

Mon Dieu! vous ferez un effort; s'il s'agissait de connaissance intime, je n'insisterais pas, mais pour des étrangers on se gêne. C'est

* Juliette, de Guernet, Vernois.

comme M. de Guernet... (*Mouvement de Juliette.*) Vous le recevez trop froidement.

JULIETTE.

Monsieur...

VERNOIS, *se levant, et allant à elle.*

Il faut prendre garde à cela ; M. de Guernet est plus qu'un ami ; c'est un homme qui peut être utile...

JULIETTE, *amèrement.*

C'est-à-dire, monsieur, que ce n'est pas assez de vous avoir vu sacrifier tous les projets d'intimité et de bonheur domestique formés ensemble dans des jours meilleurs ; il faut que je serve à votre ambition ! J'avais cru être pour vous un but ! je n'étais qu'un moyen. Mon temps, mes liaisons, mes plaisirs, tout doit seconder vos projets ; notre mariage n'est point une union ; c'est une entreprise...

VERNOIS.

Ah ! ma chère, si nous tombons dans les affaires de ménage, je me retire.

JULIETTE, *impétueusement.*

Non... vous m'écouterez, monsieur... (*Se mettant devant lui et avec énergie.*) Il le faut...

VERNOIS.

Permettez... Je n'ai que peu d'instants...

JULIETTE, *avec une émotion contenue.*

Eh bien !... monsieur... je tâcherai de parler vite, d'être calme... mes pleurs vous retarderaient.

VERNOIS, *impatienté.*

Toujours les mêmes plaintes.

JULIETTE

Oh ! je sais qu'elles vous fatiguent ; mais à qui pourrais-je m'adresser ? Ah ! si j'avais une famille, si j'étais mère... je prendrais mon enfant dans mes bras, comme une consolation et une sauvegarde ; je lui dirais tout ce qui gonfle mon cœur... s'il ne me comprenait pas, du moins je verrais son sourire, je sentirais ses baisers... je ne serais pas seule et j'aurais du courage.

VERNOIS.

Mon Dieu ! mais qui vous force à être seule. Pourquoi repousser toutes les distractions, vous renfermer avec vos folles rêveries ?

JULIETTE.

Et savez-vous, monsieur, si cette solitude n'est pas de la prudence ?

VERNOIS.

Que voulez-vous dire ?

JULIETTE.

Dans le monde, une femme n'est jamais impunément négligée par celui dont le devoir est de veiller sur elle : son abandon n'est point seulement un malheur, mais une honte qui l'expose à d'injurieuses consolations. (*Mouvement de Vernois.*) Oh ! je n'ignore pas, monsieur, que ce que je dis, c'eût été à vous de le penser; je sais ce qu'il y a d'humiliation à exprimer de telles craintes... quand vous n'avez même pas voulu supposer le danger ; mais ces *folles rêveries*, que vous raillez, d'autres pourraient peut-être les comprendre, les partager... et je veux éviter de telles sympathies. Voilà pourquoi je me renferme, pourquoi je vous demande de tourner quelquefois les yeux de mon côté...J'aurais voulu vous dire tout cela tranquillement... sans reproches... sans larmes... aussi vous le voyez, monsieur, c'est malgré moi si ma voix tremble... malgré moi si je pleure...

VERNOIS.

Allons Juliette, quelle folie ! mais, ma chère amie, vous vous exaltez, vous vous rendez malheureuse... et vous m'empêchez d'écrire mon billet.

JULIETTE, *amèrement.*

Ah ! monsieur !

VERNOIS.

Mon Dieu ! vous ne voulez pas comprendre les exigences de ma position ! Ce voyage, par exemple, croyez-vous que je le fasse pour mon plaisir ? mais il faut savoir sacrifier ses goûts... Je n'ai pas un moment à perdre (*regardant la pendule*) ; déjà trois heures, et j'ai encore des ordres à donner.

JULIETTE.

Ainsi, monsieur, vous êtes décidé ?

VERNOIS, *gagnant la porte du fond.*

Je suis décidé, madame, à remplir mes devoirs de citoyen...

JULIETTE.

Mais, monsieur...

VERNOIS.

Pardon, je ne puis demeurer davantage. (*Il sort par le fond.*)

SCÈNE VIII.

JULIETTE , *seule.*

Rien !... il n'a voulu rien écouter !... et autrefois j'ai pu croire qu'il m'avait choisie, que je suffirais à son bonheur ! Folles illusions qui m'empêchaient de juger et de voir... Quel est ce bruit ! (*Elle va regarder à la fenêtre.*) La chaise de poste qui repart ; M. Vernois l'aura renvoyée : il reste, à la bonne heure ! sa présence me défendra contre... les autres... contre moi-même... Oh ! oui, surtout contre moi-même ! car lorsque je regarde, lorsque je compare !... Allons, encore ces idées qui me poursuivent sans cesse et partout ! je ne veux plus m'y arrêter... je ne recevrai plus M. de Guernet.

SCÈNE IX.

DE GUERNET, JULIETTE.

DE GUERNET. *entrant par le fond.*

Pardon, madame.

JULIETTE.

Dieu! c'est lui!

DE GUERNET.

J'étais venu pour remettre à M. Vernois les lettres qu'il m'avait demandées.

JULIETTE.

Je vais le faire prévenir.

DE GUERNET.

C'est inutile, je viens de le rencontrer dans la cour de l'hôtel au moment où il montait en voiture.

JULIETTE, *saisie.*

Comment, cette chaise de poste qui vient de s'éloigner?...

DE GUERNET.

Emmène M. Vernois.

JULIETTE.

Est-ce possible! parti... parti sans m'avertir. Ah! c'est aussi trop à la fois... (*Elle se laisse tomber sur un fauteuil.*)

DE GUERNET.

Se peut-il, madame, que ce départ vous trouble à ce point?

JULIETTE, *ayant peine à retenir ses larmes.*

Je l'avoue, monsieur; partir malgré mes prières... me laisser seule ici...

DE GUERNET.

Seule! ah! madame, oubliez-vous ceux qui restent.

JULIETTE.

Monsieur...

DE GUERNET.

Ne savez-vous point que ceux-là sont soumis à vos moindres désirs, qu'ils ne vous abandonneront jamais.

JULIETTE, *se levant avec effort.*

Ah!... vous avez raison, monsieur; il me reste ici une amie sûre, dévouée, qui ne me quittera plus; madame Brunel. *

DE GUERNET.

Que dites-vous? mais ne doit-elle point partir?

* Juliette, de Guernet.

JULIETTE.

Et je pars avec elle, monsieur.

DE GUERNET.

Vous ! c'est impossible ! Ce matin encore vous ne m'aviez point dit... c'est donc une résolution subite ?

JULIETTE.

Et irrévocable...

DE GUERNET.

Non... je ne puis le croire, Juliette !...

JULIETTE, saluant.

Je prie M. de Guernet de recevoir mes adieux.

DE GUERNET, la suivant.

Madame... je vous en conjure... (*Juliette l'arrête d'un regard et sort.*)

SCÈNE X.

DE GUERNET, *seul.*

Ses adieux ! ai-je bien entendu ? oh ! non, non, elle ne fuira pas, elle ne m'échappera pas'ainsi quand le hasard semble avoir levé tous les obstacles ; mais il faudrait que sa cousine ne pût l'emmener...

SCÈNE XI.

DE GUERNET, RANDEL.

RANDEL.

Qu'est-ce qu'on vient donc de me dire ? Vernois est parti ?

DE GUERNET.

Il y a un instant.

RANDEL.

Il a donc oublié l'ambassadrice à laquelle il devait me présenter? heureusement que madame Vernois reste à Dieppe et pourra le remplacer.

DE GUERNET.

Je crains le contraire, docteur.

RANDEL.

Comment ? où va-t-elle donc ?

DE GUERNET.

En Angleterre avec sa cousine.

RANDEL.

Juliette! ah çà mais alors, cette manie de voyager est une maladie contagieuse! je parie que nous devons cela à madame Brunel! Elle aura voulu avoir avec elle quelqu'un qui sût l'anglais, pour lui traduire les billets doux de John-Bull... Oh! mais je ne souffrirai pas ce départ.

DE GUERNET.

Que dites-vous?

RANDEL.

Je n'ai ici que madame Vernois qui puisse me présenter à la princesse d'Arven, j'ai besoin de cette cure, il faut que je l'aie.

DE GUERNET.

Ah! parlez-lui alors, docteur; tâchez de la retenir.

RANDEL.

Oh! parbleu! je trouverai pour cela des raisons excellentes, mais parfaitement inutiles, si elle s'est mis dans la tête de suivre sa cousine. Il n'y a rien de tel que les femmes douces, voyez-vous, pour tenir à leurs idées, elle ne résistent pas... seulement elles ne cèdent jamais.

DE GUERNET.

Si M. et madame Brunel s'étaient embarqués aujourd'hui, comme ils en avaient d'abord le projet, madame Vernois n'aurait point eu le temps de faire ses préparatifs...

RANDEL.

Au fait, vous avez raison.

DE GUERNET.

Malheureusement, ils ont retardé leur départ.

RANDEL.

Mais ils faut les décider à changer de projet.

DE GUERNET.

Par quel moyen?

RANDEL.

C'est juste, il faudrait un motif... (*Pensif.*) Et mais, j'y pense... si l'on persuadait à Brunel...

DE GUERNET.

Je l'entends.

RANDEL.

Brunel... mon cher ami, il faut que vous m'aidiez...

DE GUERNET.

A quoi donc?.

RANDEL.

Vous allez voir! Ayez soin seulement de ne pas me contredire.

DE GUERNET.

Je ne puis comprendre.

RANDEL.

Silence... c'est lui !

SCÈNE XII.

LES MÊMES, BRUNEL. *

BRUNEL, *entrant par le fond en pliant un billet de paquebot.*

Là..: voilà ce que c'est. (*Apercevant Randel et Guernet.*) Ah ! messieurs !...

RANDEL·

Vous venez du port ?

BRUNEL.

Oui, tout est arrangé. Impossible de trouver un capitaine plus aimable ; il nous laisse la liberté de partir aujourd'hui ou à son prochain voyage, dans deux jours...

DE GUERNET, *à part.*

Dieu !

BRUNEL, *se détournant.*

Plaît-il... est-ce que monsieur serait contrarié ?

RANDEL, *vivement.*

Au contraire... le capitaine me témoignait justement tout à l'heure ses regrets de votre prompt départ.

BRUNEL, *soupçonneux.*

Vraiment... monsieur regrettait?..·

RANDEL.

C'est tout naturel ; il était si heureux que le hasard vous eût conduit à Dieppe en même temps que lui... car je vous donne le capitaine pour un des plus chauds admirateurs de madame Brunel.

DE GUERNET, *étonné.*

'Moi ?

BRUNEL, *contrarié.*

Ah !... monsieur est trop bon.

DE GUERNET.

Du reste, cela se conçoit... des amis d'enfance... car ce sont des amis d'enfance!... M. de Guernet connaissait votre femme avant vous.

BRUNEL, *très-contraint.*

Ah ! oui... oui... j'ai entendu dire...

RANDEL.

Pardieu ! il me racontait tout à l'heure qu'il en avait amoureux fou.

* De Guernet, Randel, Brunel.

BRUNEL.

De ma femme?

DE GUERNET, *étonné*.

Comment ! moi !...

RANDEL.

Oh! ne vous en défendez pas...Voyons... il y a un instant, vous me répétiez encore qu'elle l'appelait son petit mari... (*Bas à Guernet.*) Appuyez-moi donc.

DE GUERNET.

Oui... en effet... je me rappelle.

BRUNEL, *ne voulant point paraître inquiet.*

Ah ! bien... ah ! je conçois... une passion d'enfant...

RANDEL.

Oh ! mais pas si enfant ; quand ils se sont quittés ils étaient déjà grands... ils commençaient à faire des promenades au clair de lune et à regarder les étoiles en soupirant!... Vous savez que c'est toujours ainsi que ça commence...

BRUNEL , *effrayé.*

Que cela commence...

RANDEL.

Le capitaine m'a même avoué qu'il avait lu *la Nouvelle Héloïse...*

BRUNEL, *avec terreur.*

Avec ma femme...

DE GUERNET, *voulant protester.*

Permettez, M. Randel...

RANDEL.

Oh! ne craignez donc rien... on peut dire cela à Brunel. Vous concevez bien qu'un substitut n'en est plus à la poésie. Eh! eh! eh!... il connaît trop bien le fond des choses pour être jaloux du passé... ou de l'avenir... Eh! eh! eh!... ça nuirait à son avancement.

BRUNEL·

C'est-à-dire... c'est-à-dire...

RANDEL, *à Brunel.*

Du reste, puisque vous ne partez pas, madame Brunel et M. de Guernet pourront renouveler connaissance... ils se raconteront leurs souvenirs... en se promenant comme autrefois, le soir.

BRUNEL, *vivement.*

Non... non... désolé de déranger les projets de monsieur.

RANDEL·

Mais puisque vous restez encore deux jours.

BRUNEL.

Pas deux heures, monsieur. Nos places sont arrêtées au paquebot, et nous partons.

DE GUERNET, *vivement.*

En vérité ?

BRUNEL, *avec une gravité grotesque.*

Oui, monsieur! [désolé que cela vous oblige à vous promener seul.

RANDEL.

Mais vous disiez tout à l'heure que le capitaine avait consenti à vous prendre...

BRUNEL.

Aujourd'hui... et je vais avertir madame Brunel que nous partons dans un instant.

SCÈNE XIII.

LES MÊMES, CLARA, *entrant par le fond.* *

CLARA.

Qu'est-ce qu'il dit donc! Quoi! vous n'avez pu obtenir...

BRUNEL, *brusquement.*

Rien ; le paquebot nous attend.

CLARA.

Mais c'est affreux! moi qui étais invitée au bal ce soir... et la promenade de demain avec M. de Guernet?... Il est impossible que nous nous embarquions aujourd'hui...

BRUNEL.

Il le faut.

CLARA.

Je ne m'embarquerai pas.

BRUNEL.

Madame!... (*bas et la prenant à part*) je sais qui vous retient ici!

CLARA, *bas.*

Plaît-il?

BRUNEL, *bas.*

Vous voulez faire encore des promenades au clair de lune et lire *la Nouvelle Héloïse*...

CLARA, *de même.*

Ah ça... est-ce qu'il est fou.

BRUNEL.

Silence!

* De Guernet, Randel, Brunel, Clara.

SCÈNE XIV.

LES MÊMES, FÉLIX, *puis* JULIETTE.*

FÉLIX.

Monsieur Brunel... on va lever l'ancre!...

RANDEL, *à part.*

Ah!

DE GUERNET, *à part.*

Enfin.

BRUNEL.

Bien... Madame Brunel, venez...

JULIETTE, *entrant par la droite.*

Arrêtez... je pars avec vous...

DE GUERNET.

Ciel...

RANDEL.

Comment!...

BRUNEL *et* CLARA.

Vous!...

JULIETTE.

Oui.... (*Au domestique.*) Félix, avertissez ma femme de chambre.

FÉLIX.

Pardon, madame; mais vous ne trouverez plus de place à bord.

JULIETTE.

Que dites-vous?

FÉLIX.

On vient de renvoyer des voyageurs.

JULIETTE.

Ah!

DE GUERNET, *à part.*

O bonheur! (*On entend une cloche.*)

BRUNEL.

Et vite... c'est la cloche du paquebot... Clara... venez... (*A Félix.*) Vous veillerez à nos paquets... A revoir M. Randel. (*A de Guernet.*) Monsieur... (*Clara s'est approchée de Juliette pendant ce temps et a pris congé d'elle en l'embrassant.*) Allons, Clara... (*A Juliette.*) Ma cousine... (*Il lui baise la main.*)

CLARA.

Adieu, chère...

* De Guernet, Randel, Félix, Brunel, Clara, Juliette, *entrant par la droite.*

JULIETTE, *abattue.*

Adieu!... *(Brunel et Clara sortent.)*

DE GUERNET, *à part.*

Maintenant... elle est à moi! (*Il sort.*)

RANDEL, *à part.*

Les voilà partis seuls... Madame Vernois pourra me présenter à l'ambassadrice.

FIN DU DEUXIÈME ACTE.

ACTE III

Le théâtre représente un salon élégant, bougies allumées ; deux portes à droite ; à gauche une porte et une fenêtre, au fond, trois portes donnant sur un second salon où les lustres sont allumés ; à gauche une table et un fauteuil, à droite un fauteuil.

SCÈNE I.

BRUNEL, CLARA, RANDEL.

CLARA, *entrant, conduite par Randel.*

C'est pourtant vrai, docteur, nous ne nous étions point revus depuis notre rencontre à Dieppe, voilà six mois.

RANDEL.

J'ai seulement appris aujourd'hui, en arrivant d'un petit voyage, que vous étiez à Paris.

BRUNEL.

Clara a voulu me suivre pour voir sa cousine, qui est toujours souffrante : car il paraît décidément, docteur, que vous ne l'avez point guérie.

RANDEL.

Parce qu'elle n'a point persévéré. Après avoir fermé sa porte à tout le monde et s'être même refusée à recevoir les adieux de M. de Guernet qui partait, elle a tout à coup interrompu mon traitement pour revenir à Paris.

CLARA.

Où nous voilà, à notre tour, en solliciteurs.

BRUNEL.

Oui, je suis venu pour faire valoir mes droits à un avancement. Je compte, tous les soirs, trouver ma nomination dans les journaux du matin.

RANDEL.

Et tous les matins vous comptez la trouver dans ceux du soir? Malheureusement les ministres sont fort occupés pour leur propre compte. On parle de leur remplacement. Vernois est même un des chefs du parti qui travaille à ce changement ; s'il réussit vous pourrez tout obtenir par son entremise.

CLARA.

Mais s'il échoue!.

RANDEL.

Alors M. Brunel ira faire à ses adversaires une visite de félicitations. Et justement vous connaissez quelqu'un qui a un parent au ministère et qui pourra vous appuyer.

BRUNEL.

Qui donc ?

RANDEL.

Le capitaine de Guernet.

CLARA.

En effet.

BRUNEL.

Du tout ! je n'aime pas ce M. de Guernet, et je ne puis comprendre ses visites continuelles ici. Il paraît qu'il avait presque cessé de venir, et depuis notre arrivée, il a reparu...

CLARA.

Parce que je lui ai écrit que je voulais le voir... (*Mouvement de Brunel.*) Oh! je n'entends rien, moi, à votre politique; je tiens à conserver mes anciens amis.

BRUNEL.

Conserver vos anciens amis, c'est très-bien, ma chère ; mais ces assiduités déplaisent également à Vernois.

CLARA, *vivement*.

Il vous l'a dit?

BRUNEL.

Positivemeut.

RANDEL.

Est-ce qu'il serait jaloux, par hasard?

BRUNEL.

Lui ? allons donc ! il n'a pas le temps ! mais la famille de M. de Guernet appartient à ses adversaires politiques, et la présence du capitaine le gêne, le compromet.

CLARA.

Oh! si ce n'est que cela.

BRUNEL.

Mais c'est beaucoup trop! Et au fait, je ne comprends pas ce qui empêche le capitaine de rejoindre son régiment en Afrique.

RANDEL.

Ne savez-vous point qu'il est à peine remis d'une grave maladie.

BRUNEL.

A la bonne heure; mais ce n'est point la maladie qui l'amène ici tous les jours... (*A Clara*) qui lui fait vous parler espagnol... car je ne sais pas quelle idée vous avez eu de prier votre cousine de vous apprendre cette langue que je ne comprends pas! Puis le capitaine a toujours quelque chose à vous apporter, des livres, de la musique; ce n'est pas convenable, et j'avertirai Vernois.

CLARA, *vivement*.

Ne vous en avisez pas, monsieur , je ne vous le pardonnerais jamais.

BRUNEL.

Pourquoi donc? ce jeune homme vient ici pour quelque chose... et pour quelqu'un... (*Regardant Clara*.) Je pense que ce ne peut être que pour votre cousine.

CLARA.

Qu'en savez-vous?

BRUNEL.

Mais il n'y a dans la maison que deux femmes... si ce n'est pas pour elle... c'est donc pour...

RANDEL.

Pour madame... qu'y aurait-il d'étonnant?

BRUNEL.

Comment! ce qu'il y aurait d'étonnant?

RANDEL, *railleur*.

Savez-vous, mon cher Brunel, que votre confiance est presque impertinente. Vous avez l'air de croire que madame n'a point tout ce qu'il faut pour inspirer une passion !

CLARA, *riant*.

En effet, monsieur !

BRUNEL.

Ah ! bien! c'est-à-dire que, par politesse, il faudrait supposer que je suis...

RANDEL, *avec sang-froid*.

Pourquoi pas?

BRUNEL, *exaspéré*.

Comment? pourquoi pas!... mais parce que si cela était...

RANDEL.

Cela nuirait à votre avancement... c'est juste !

BRUNEL, *avec une gravité blessée*.

Monsieur Randel... je n'aime pas les plaisanteries de ce genre.

CLARA.

Vous avez ce que vous méritez, monsieur, vous paraissez toujours inquiet. Vous finirez par vous rendre ridicule... (*Elle remonte.*)

BRUNEL.

Hein?

RANDEL, *répétant.*

Ridicule.

BRUNEL, *avec mauvaise humeur.*

J'ai parfaitement entendu... (*A part.*) Il m'agace les nerfs, cet homme-là...

RANDEL, *à part, en riant.*

Je n'ai jamais vu de substitut aussi amusant.

SCÈNE II.

LES MÊMES, VERNOIS, JULIETTE, *entrant par le fond.*

JULETTE, *à Vernois.*

J'ai donné tous les ordres, monsieur, et vous voyez que les salons sont éclairés.

VERNOIS.

Parfaitement : j'attends ce soir quelques amis avec lesquels je dois m'entendre... (*A part, apercevant Randel.*) Oh! le docteur... j'ai justement besoin de lui. (*Haut.*) * Eh! bonjour, messieurs, j'espère que vous passez la soirée avec nous?

BRUNEL.

C'est-à-dire, je ne sais trop... si je dois... il s'agit d'une réunion politique, hostile au ministère, et...

RANDEL, *à Vernois.*

Et si vous ne le renversiez pas, M. Brunel pourrait être compromis...

VERNOIS.

La victoire est certaine; le baron Durvert, notre général, comme vous savez, vient d'être appelé au château.

BRUNEL.

Bah !

VERNOIS.

Il passera ici en revenant pour nous apprendre le résultat de son entrevue.

* Brunel, Vernois, Randel, Clara, Juliette.

RANDEL.

Et partager les portefeuilles, car il doit y en avoir un pour vous.

VERNOIS.

Quelle idée... nullement : il est possible seulement que je consente à m'éloigner de Paris.

RANDEL.

Pour une ambassade?

VERNOIS.

A Constantinople ! on me l'a promise.

CLARA.

A Constantinople !

JULIETTE, *vivement.*

Et vous consentiriez à quitter la France, monsieur? vous renonceriez à vos habitudes? à vos amis?

VERNOIS.

On se doit à son pays et à soi-même. Songez d'ailleurs à l'importance que l'on peut acquérir dans cette position ; à l'influence que l'on exerce ; à l'avenir qu'on se prépare.

BRUNEL.

J'espère au moins, cher ami, que tu me recommanderas?

RANDEL.

Au sultan?... il vous fera nommer cadi à Péra.

VERNOIS.

Sois tranquille, je n'oublierai personne si je suis appelé à ces fonctions. J'espère rendre ma présence en Orient glorieuse pour notre nation... *(avec intention et regardant Randel, qui s'éloigne de lui pour approcher de Clara)* et utile à la science...

RANDEL, *revenant sur ses pas.*

A la science? comment cela?

VERNOIS.

Mon intention serait d'emmener avec moi une commission dans le genre de celle qui suivit l'armée d'Egypte.

RANDEL, *vivement.*

Mais c'est une excellente idée.

VERNOIS

J'avais même pensé à vous, mon cher docteur, pour l'organiser.

RANDEL.

Comment donc? vous me faites honneur. Ce serait une mission superbe. Tout un monde nouveau d'hommes et de choses à examiner... L'Orient! le plus beau pays du monde... la terre du soleil et des roses... je pourrai y étudier la peste... *(Ici Brunel remonte en*

*riant vers Clara, qui cause avec Juliette; Clara le renvoie et il va à
la fenêtre à gauche.)* Mon cher ami, croyez bien que je sens tout le
prix de votre préférence... il faut obtenir cette ambassade...

VERNOIS, *avec intention.*

Oui, mais on ne peut la retirer ainsi à M. de Séran; c'est un
homme en crédit. Il faudrait qu'il consentît à se laisser remplacer,
en indiquant lui-même le dédommagement qu'il peut désirer.

RANDEL, *résolúment.*

Je le connais beaucoup : je le verrai.

VERNOIS.

Réellement ? ah ! mon cher monsieur Randel, ce sera un véritable
service...

BRUNEL, *à la fenêtre, à gauche.*

J'entends une voiture qui entre dans la cour... quelqu'un des invités sans doute...

VERNOIS.

Il attendra au salon ; venez, docteur, passons dans mon cabinet ;
je vous expliquerai les compensations que l'on pourrait offrir à
M. de Séran.

RANDEL.

Je vous suis... (*Il salue Clara et sort avec Vernois par la porte de
gauche ; Juliette traverse le théâtre, et va à la fenêtre du même côté.)*

CLARA, *regardant Juliette.*

Pauvre Juliette... toujours triste et préoccupée... ah ! j'ai trop bien
compris la cause de sa souffrance secrète ! quand M. de Guernet
est là, elle le repousse, elle fait tout pour l'éviter, et lorsqu'il est ab-
sent, elle ne peut s'empêcher de le désirer et de l'attendre.

JULIETTE, *qui est à la fenêtre, à gauche, pousse une exclamation.*

Ah !

BRUNEL.

Qu'est-ce qui vient donc d'arriver ?

CLARA, *étourdiment.*

Je parie que c'est M. de Guernet.

BRUNEL.

Le capitaine ? (*Regardant au fond.*) C'est ma foi vrai... mais comment avez-vous deviné ?... *

CLARA, *embarrassée.*

Mon Dieu... je ne sais... j'ai... j'ai reconnu son pas.

BRUNEL.

Ah !... (*A part, d'un air sombre.*) Ah ! elle reconnaît son pas !

* Juliette, Clara, Brunel.

SCÈNE III.

LES MÊMES, DE GUERNET. *

DE GUERNET.

Mesdames... je dois m'excuser de me présenter encore ce soir...

BRUNEL.

C'est juste... j'ai déjà eu *le plaisir* de voir monsieur ce matin. *(De Guernet salue Brunel, qui lui rend son salut très-gravement.)*

DE GUERNET.

Il est vrai, monsieur, mais je tenais à apporter le coupon de loge que ces dames désiraient.

CLARA.

Pour la première représentation de demain, à l'Opéra? Que vous êtes bon...

JULIETTE.

Je croyais toutes les places retenues...

DE GUERNET.

Oh ! il m'a fallu des protections immenses, une espèce de coup d'État. Enfin j'ai réussi ; voici le billet... *Il donne le coupon à Clara.)*

CLARA.

Milles grâces.

BRUNEL, *de mauvaise humeur.*

Je n'ai jamais compris le plaisir que l'on pouvait trouver à l'Opéra ; on n'entend par un mot d'abord ! Et des acteurs qui chantent toujours et qui ne parlent jamais.... comme c'est naturel !...

CLARA, *qui a ouvert le coupon.*

Eh bien, ça se trouve à merveille, il n'y a point de place pour vous...

JULIETTE.

Comment ?

CLARA.

Le coupon n'est que pour trois personnes.

DE GUERNET.

Je n'ai pu obtenir davantage.

MADAME BRUNEL.

Mais cela suffit ; vous nous conduirez ma cousine et moi...

BRUNEL.

Très-bien, madame... *(A part.)* C'est un coup monté ; elle veut être seule avec lui... c'est clair...

* Juliette, de Guernet, Clara, Brunel.

DE GUERNET, *s'approchant de Juliette, d'une voix émue.*

J'ai pris aussi la liberté d'apporter le livre que madame m'avait demandé...

JULIETTE, *étonnée.*

Moi... j'avais demandé?...

DE GUERNET, *bas.*

Je vous en conjure madame... puisque vous refusez de m'entendre, lisez au moins les quelques lignes qu'il renferme.

JULIETTE, *de même.*

Non, monsieur... je ne puis consentir...

DE GUERNET, *posant le livre sur la table, à gauche.*

Je le reprendrai demain...

JULIETTE, *à part.*

Que fait-il!

DE GUERNET, *à part.*

De cette manière, il faudra bien qu'elle lise...

BRUNEL, *qui s'est approché, prend le livre.* *

Vous permettez?...

JULIETTE.

Dieu!...

DE GUERNET, *avec un brusque mouvement.*

Monsieur...

BRUNEL.

C'est sans doute un volume de poésies, et dans ce cas, il n'y a pas d'indiscrétion... (*Mouvement de M. de Guernet et de Juliette.*

CLARA, *à part.*

Ah! je tremble...

BRUNEL, *qui a ouvert le livre et qui lit le titre.*

« Nouvelle méthode pour apprendre la langue espagnole... » (*Regardant Juliette, et de Guernet.*) Comment c'est là ce que vous apportez à madame pour ses lectures...

CLARA, *vivement.*

Mais certainement... Ne savez-vous pas que Juliette me donne des leçons d'espagnol.

BRUNEL.

Ah! c'est juste... alors le livre est pour vous... (*A part.*) il y a quelque chose... (*Il feuillette le livre.*) Ah!

CLARA.

Donnez, mon cher... vous ne pouvez rien comprendre à tout cela.

BRUNEL, *la regardant.*

Et vous comprenez, vous?

CLARA.

Certainement, je commence à traduire Don Quichotte...

* Juliette, Brunel, de Guernet, Clara.

BRUNEL, *d'un ton absolu.*

Eh bien ! faites-moi le plaisir de traduire ce qui est là... écrit au crayon, sur la page blanche.

DE GUERNET, *à part.*

Ah !... *

JULIETTE, *à part.*

Dieu !...

BRUNEL, *regardant de Guernet.*

De l'écriture de monsieur...

DE GUERNET, *balbutiant.*

Oui... c'est un passage... une citation...

BRUNEL.

Vraiment?... alors je vais me la faire expliquer par Vernois.

CLARA.

Mon Dieu, monsieur... ce n'est pas nécessaire, je puis le remplacer.

JULIETTE, *à part.*

Que dit-elle...

BRUNEL.

Vous? soit; je serai curieux de juger vos progrès...

CLARA.

C'est très-facile... (*Feignant de lire.*) *El savio no sospecia...*

BRUNEL.

Si vous me traduisez l'espagnol... en espagnol...

CLARA.

Ah ! c'est juste, voici : « L'homme sage ne soupçonne jamais de peur d'être soupçonné... il vit dans la crainte de Dieu, dans la confiance pour sa femme... et il ne cherche pas à comprendre les langues étrangères. »

BRUNEL, *qui a d'abord écouté, sérieux.*

Comment... qu'est-ce qu'elle dit... (*Clara lui enlève le livre.*) Eh bien...

CLARA.

Oh ! monsieur, on ne peut pas toujours traduire...(*Elle passe près de Juliette.*) **

BRUNEL.

Mais... permettez, madame...

CLARA, *rendant le livre à Juliette.*

Je ne suis d'ailleurs que l'écolière... c'est à la maîtresse d'examiner le livre... (*Vivement.*) Puis nous la retenons ici, et elle a des ordres à donner pour la soirée.

* Juliette, de Guernet, Brunel, Clara.

** Juliette, Clara, de Guernet, Brunel.

JULIETTE, *vivement*.

En effet! (*Prenant la main de Clara, avec tendresse.*) Merci... de m'y faire songer...

DE GUERNET.

Que je ne vous dérange point, de grâce, je suis attendu chez le général... (*Juliette entre dans sa chambre, à droite.*)

CLARA.

Moi je vais écrire à ma couturière pour la presser, tout Paris sera demain à l'Opéra, je ne veux pas que l'on me reconnaisse, au premier coup d'œil, pour une provinciale... Au revoir, capitaine. (*Il sort par une des portes du fond, Clara par l'autre.*)

SCÈNE IV.

BRUNEL, *agité*.

C'est d'une audace!... et en définitive je n'ai pu rien savoir!... il est clair que sa cousine la favorise. Oh! ces femmes!... mais que faire? comment découvrir la vérité? il faudrait quelque ruse adroite... si je demandais à Vernois, c'est un homme politique, il doit se connaître en détours. — Justement je l'entends!... ah! encore le docteur avec lui. — N'importe, il faut que je sache à quoi m'en tenir...

SCÈNE V.

VERNOIS. BRUNEL, RANDEL.

VERNOIS, *à Randel*.

Ainsi c'est entendu?

BRUNEL, *allant à Vernois*.

Ah! je suis bien aise de te rencontrer, j'ai à te parler...

VERNOIS.

A moi...

RANDEL.

Ah! mon Dieu! quelle figure renversée...

BRUNEL, *avec humeur*.

C'est possible. (*A Vernois, d'un ton solennel.*) Dis-moi, Vernois, as-tu pensé quelquefois à ce que tu ferais si tu te trouvais dans le cas prévu par l'article 229 du code civil?

VERNOIS, *frappé*.

Que veux-tu dire?

BRUNEL.

Non, c'est une supposition que je fais ; l'accident peut arriver à tout le monde.

RANDEL, *riant.*

Ah ! ah ! ah ! je comprends maintenant l'air saisi de notre cher Brunel... toujours les mêmes inquiétudes.

BRUNEL, *avec une dignité plaisante.*

Je ne ris point, moi, docteur.

RANDEL.

C'est précisément ce qui me fait rire.

VERNOIS, *sérieusement.*

Vous avez tort : de tels doutes intéressent notre honneur, notre avenir. Dans le mariage, comme partout, le succès seul a raison et le monde méprise celui qui a été trompé ; c'est un malheur qui fait mal présumer de son esprit ; que l'on plaint tout haut, mais que l'on raille tout bas !

RANDEL.

C'est-à-dire que si vous aviez des soupçons, vous ?...

VERNOIS, *vivement.*

Moi, c'est impossible ; mais si j'avais des soupçons... je voudrais les éclaircir.

BRUNEL.

Et moi aussi; mais comment ?

VERNOIS.

Ah ! je sais que la chose est souvent difficile...

RANDEL, *tranquillement.*

Pas du tout. Que veut notre cher Brunel? se procurer le plaisir de savoir si sa femme aime M. de Guernet?

BRUNEL.

Qui vous a dit?...

RANDEL.

Eh bien ! rien de plus simple...

VERNOIS.

Vous auriez un moyen ?

RANDEL.

Mille !... quand on a l'habitude d'observer, de creuser les faits ; voyez-vous, mon cher monsieur Brunel, tout est dans la médecine.

VERNOIS.

Même le moyen de savoir ce que pense sa femme ?

RANDEL.

Pourquoi pas ?

BRUNEL.

Alors, docteur, je vous demanderai la recette...

RANDEL.

Pour tout autre mari ce serait une imprudence ; mais avec madame Brunel il n'y a rien à craindre.

BRUNEL.

Pourquoi cela ?

RANDEL.

Parce qu'elle s'amuse à exciter vos soupçons, qu'elle se moque de vous et qu'elle a bon appétit ; trois indices certains de la pureté de sa conscience.

BRUNEL.

Qui vous empêche alors de me guérir de ma jalousie ?

VERNOIS.

Puisque le moyen est si facile à trouver, dites-vous...

BRUNEL, *railleur.*

Et puisque tout est dans la médecine.

RANDEL, *animé.*

Oui, monsieur, je le soutiens et je le prouverai.

BRUNEL, *railleur.*

C'est justement ce que je demande.

VERNOIS.

Voici madame Brunel.

BRUNEL.

Ma femme...

RANDEL.

Eh bien... nous allons voir...

SCÈNE VI.

LES MÊMES, CLARA, *puis* JULIETTE. *

CLARA.

Me voilà, j'ai rencontré la couturière chez moi.

RANDEL.

Ah ! je vous croyais avec le capitaine. (*Vernois et Brunel sont un peu remontés et observent.*)

CLARA.

Il sort d'ici ; il se rendait au bal de son oncle.

RANDEL, *gravement.*

Au bal, lui ?... il a tort !

CLARA.

D'aller au bal ? pourquoi cela ?

RANDEL.

Parce que dans l'état de M. de Guernet, les veilles sont dangereuses. (*Juliette entre par la droite.*)

* Clara, Vernois, Brunel, Randel.

CLARA.

Comment ? je le croyais entièrement rétabli ?

RANDEL.

En apparence.

JULIETTE, *à part.*

Que dit-il ?

CLARA, *qui aperçoit Juliette, à part.*

Juliette !...

RANDEL.

Mais il est rare que ces maladies pardonnent.

CLARA, *regardant Juliette, à part.*

Dieu !... elle va se trahir.

BRUNEL, *regardant sa femme, dit bas à Vernois.*

Comme elle se trouble...

RANDEL.

Il est possible que le capitaine n'ait pas six mois à vivre.

JULIETTE.

Ciel !... (*Elle chancelle, s'appuie sur un fauteuil, puis y tombe*).

VERNOIS, *se détournant.*

Juliette !

CLARA, *à part.*

Comment détourner l'attention...

VERNOIS, *s'élançant vers Juliette, qui s'appuie pâle et chancelante à un fauteuil.*

Qu'avez-vous, madame... vous avez jeté un cri. *

CLARA, *feignant de se trouver mal.*

Non... c'est moi... je ne sais ce que j'éprouve... Un siége, monsieur.

BRUNEL.

Ciel ! ma femme s'évanouit.

VERNOIS, *se détournant.*

Clara !

CLARA, *bas à M. Brunel.*

Détournez les soupçons de Vernois, monsieur, ou Juliette est perdue... (*Se renversant dans un fauteuil.*) Ah !

RANDEL, *donnant un sachet.*

C'est un étourdissement sans doute...

BRUNEL, *vivement.*

Justement.

VERNOIS, *soupçonneux et s'approchant.*

Un étourdissement ?

---

* Clara, Brunel, Randel, Vernois, Juliette.

BRUNEL..

Oui... elle y est très-sujette... ce n'est rien... n'est-ce pas chère amie ?

CLARA, *se levant.*

Non... (*Avec intention.*) Mais Juliette m'a vue pâlir et n'a pu retenir un cri... cette bonne cousine. (*Elle lui tend la main.*)

JULIETTE, *la saisissant avec émotion.*

Ah !... chère Clara. *

VERNOIS, *regardant Juliette.*

Je crains que les confidences du docteur sur la santé de M. de Guernet n'aient saisi ces dames...

JULIETTE, *très-troublée.*

En effet... monsieur... je n'étais pas préparée.

CLARA.

Ni moi...

BRUNEL..

Ni moi... ça m'a fait aussi quelque chose.

RANDEL, *étonné.*

A vous ?

BRUNEL.

Oui... et cependant, je savais que vous ne parliez pas sérieuse-ment, car vous me citiez l'autre jour encore, la guérison de M. de Guernet comme une preuve de l'excellence de votre traitement électro-névralgique.

CLARA, *avec intention.*

Oui, mais M. Randel aime fort les expériences... il aura voulu éprouver nos nerfs dans l'intérêt de la science.

RANDEL, *un peu embarrassé.*

Madame...

CLARA.

Mais pardon ceci m'a fait oublier... quand je suis venue, plusieurs invités attendaient mon cousin au salon.

VERNOIS.

Je vais les rejoindre.

RANDEL.

Adieu, Juliette. (*Il lui donne la main.*) J'ai fait une sottise. (*Il sort par une des portes du fond.*)

BRUNEL, *sortant avec Clara par une autre porte du fond. — Bas.*

Il faudra que vous m'expliquiez...

CLARA, *bas.*

El savio no sospecia... (*Ils sortent.*)

VERNOIS, *à part.*

Oh ! j'éclaircirai tout ! (*Il sort par la troisième porte du fond.*

* Randel, Brunel, Clara, Juliette, Vernois.

SCÈNE VII.

JULIETTE, *seule.*

Seule enfin... oh ! je tremblais à chaque instant de les laisser lire
dans mon cœur. Mais pourquoi cette espèce d'épreuve, car c'en
était une ; les craintes exprimées par le docteur étaient feintes...
je l'ai bien vu ensuite. — M. Vernois m'observait !... aurait-il des
soupçons ?... — Que serait-ce donc si les lignes imprudentes, tracées
sur ce livre par M. de Guernet étaient tombées sous ses yeux... s'il
avait vu cette demande d'une entrevue.., ah ! que je n'accorderai
point !... — Non!... maintenant moins que jamais... et cependant...
il doit être près de ce balcon... attendant une réponse...

SCÈNE VIII.

JULIETTE, M. DE GUERNET, *entrant par la porte du premier plan, à droite.*

DE GUERNET, *à part.*

C'est elle !

JULIETTE, *se détournant avec un cri.*

Dieu ! vous voici !...

DE GUERNET.

Silence !

JULIETTE.

Sans être annoncé...

DE GUERNET.

Oh ! pardonnez-moi madame... j'étais là sous votre fenêtre,
comme tous les soirs, espérant apercevoir votre ombre à travers
les rideaux, attendant un signe, une réponse à cette demande d'entrevue...

JULIETTE.

Monsieur...

DE GUERNET.

Ah ! j'ai prévu que vous me la refuseriez... alors une impatience
désespérée s'est emparée de moi, je n'ai plus été maître d'attendre,
le hasard m'a favorisé ; j'ai pu entrer sans être vu et arriver jusqu'à vous...

JULIETTE, *troublée.*

Que voulez-vous, monsieur ?

DE GUERNET.

Vous me le demandez ? avez-vous donc oublié les douces paroles
qui me consolèrent il y a six mois.

JULIETTE, *embarrassée.*

Oh! ne me les rappelez pas.

DE GUERNET.

Je devrais les maudire plus que vous.. car c'est à partir de ce jour que vous m'avez fui. En vain j'ai écrit, supplié, vous n'avez voulu ni me voir ni m'entendre. Ah! vous ne m'avez jamais aimé.

JULIETTE, *se contenant.*

Je ne veux point vous répondre, monsieur ; mais, par grâce, montrez-vous généreux ; n'ôtez point le repos à une pauvre femme faible et désolée. Voyez à quels périls elle est exposée! Déjà, sans le dévouement de ma cousine, vous m'auriez perdue... M. Vernois semble avoir des soupçons...

DE GUERNET.

Que dites-vous?...

JULIETTE.

Songez, s'il vous surprenait ici après deux visites faites aujourd'hui sans qu'on vous ait vu entrer, et à cette heure... quand on vous croit au bal... comment justifier votre présence... De grâce, monsieur... partez...

DE GUERNET, *écoutant.*

On vient...

JULIETTE.

M. Vernois... peut-être !...

DE GUERNET.

Comment l'éviter...

JULIETTE, *montrant la porte du second plan, à droite.*

Là... vite...

SCÈNE IX.

VERNOIS, JULIETTE.

VERNOIS, *sombre.*

Vous êtes seule madame?

JULIETTE, *tremblante.*

Vous le voyez... monsieur...

VERNOIS.

Je vous attendais au salon.

JULIETTE, *troublée.*

J'allais m'y rendre.

VERNOIS.

J'ai regret que vous ne vous y soyez point trouvée tout à l'heure ; vous eussiez pu entendre d'utiles observations.

JULIETTE.

Moi !

VERNOIS , *l'observant.*

Oui... quelques-uns de nos amis parlaient des fréquentes visites de M. de Guernet, et témoignaient leur étonnement de cette continuité de relations avec le neveu d'un de nos ennemis politiques.

JULIETTE.

Se peut-il?

VERNOIS, *l'observant.*

Je ne pouvais répondre, pour me justifier, que cette intimité, contraire à ma volonté, était autorisée par l'intérêt extrême que votre cousine et vous sembliez prendre au capitaine.

JULIETTE , *troublée.*

N'est-ce point vous, monsieur, qui m'avez recommandé autrefois, pour lui, une bienveillance...

VERNOIS, *vivement.*

Que je n'ai jamais pu obtenir!.. il a fallu que mon désir eût changé et que ses assiduités me devinssent fâcheuses, pour que votre intérêt en sa faveur s'éveillât.

JULIETTE.

Monsieur... vous me supposez une intention...

VERNOIS, *l'observant.*

Je dois croire, du reste, que ces relations ont un grand charme pour M. de Guernet, et que des liens biens puissants le retiennent à Paris... puisqu'il leur sacrifie son devoir et jusqu'à son honneur...

JULIETTE , *vivement.*

Que dites-vous?

VERNOIS, *s'animant.*

Je dis, madame, qu'après avoir sollicité sa rentrée dans l'armée d'Afrique en pleine paix, M. de Guernet semble hésiter à profiter d'une telle faveur depuis que la guerre s'est réveillée...

JULIETTE, *jetant un regard vers la chambre à droite où est de Guernet.*

Monsieur... de grâce...

VERNOIS, *qui a surpris ce regard.*

Que craignez-vous? ne somme-nous pas seuls?

JULIETTE, *effrayée.*

Monsieur...

VERNOIS, *élevant sa voix et avançant vers la chambre à droite.*

Je répète, madame, que s'il ne s'agissait point du neveu d'un ministre, de tels retards seraient sévèrement punis, et qu'aux yeux de ses compagnons d'armes, ils peuvent passer pour une lâcheté.

JULIETTE, *effrayée.*

Plus bas, monsieur.

VERNOIS, *montrant la porte à droite.*

M. de Guernet est là...

JULIETTE, *reculant vers la porte.*

Monsieur...

VERNOIS, *avec une explosion de colère.*
Ah! je ne m'étais donc pas trompé!

JULIETTE, *effrayée, sur la porte de la chambre.*
Monsieur... Monsieur, il faut que je vous parle.

VERNOIS, *se dégageant.*
Laissez, madame, je veux voir M. de Guernet.

JULIETTE, *retirant la clef de la porte.* *
Ah! vous n'entrerez pas.

VERNOIS.
Comment!... Prenez garde à ce que vous faites, madame... cette clef, il me la faut... il me la faut...

JULIETTE, *reculant effrayée.*
Monsieur, vous ne voudriez pas employer la violence?

VERNOIS.
La violence si vous m'y forcez!

JULIETTE, *voulant s'échapper.*
Cette clef...

VERNOIS, *voulant la lui arracher.*
Je l'aurai malgré vous.

JULIETTE, *s'échappant.*
Non!... (*Elle se précipite sur la porte du fond et l'ouvre; on aper-çoit un salon éclairé, où se trouve une compagnie élégante et nom-breuse. Tables de jeux, groupes de causeurs; Brunel est à peu de distance de la porte.*)

VERNOIS, *reculant effrayé.*
Ah!...

JULIETTE, *debout sur le seuil, entre les deux salons.*
Venez donc me l'arracher ici, monsieur.

VERNOIS, *baissant la voix.*
Que faites-vous?

JULIETTE.
Mais songez que vos invités sont là; qu'ils nous voient; que le moindre geste, le moindre cri les avertira de ce qui se passe. (*Il passe un groupe près de la porte.*)

VERNOIS, *effrayé.*
Plus bas, madame.

JULIETTE.
La crainte d'un éclat sera peut-être plus puissante sur vous que mes prières.

VERNOIS, *s'approchant d'elle et parlant avec une colère contenue.*
Ah! vous abusez de ma position... de la présence d'étran-gers...

* Juliette, Vernois.

JULIETTE.

Vous m'y avez forcée, monsieur. (*Il passe un nouveau groupe.*)

VERNOIS, *à voix basse.*

Plus bas. vous dis-je... (*Il referme la porte.*) Mais vous espérez en vain vous sauver par un pareil subterfuge.

JULIETTE.

Je n'ai rien espéré, monsieur, que vous forcer à m'entendre sans violence.

VERNOIS, *quittant la porte du fond.*

Et moi je ne veux pas vous écouter! (*Regardant la chambre à droite.*) Oh! savoir qu'il est là et ne pouvoir arriver... (*Ses yeux tombent sur la porte placée à droite, sur le premier plan.*) Mais j'y pense! ce corridor a une seconde entrée qui conduit à cette chambre.

JULIETTE.

Dieu! (*Elle quitte la porte du fond.*)

VERNOIS.

Ah! malgré vous, je pourrai le rejoindre.

JULIETTE, *voulant le retenir.*

Arrêtez!... Monsieur... monsieur... oh! je vous en conjure... (*Clara Brunel entre par une porte du fond et la referme sur elle.*)

VERNOIS, *se précipitant dans le corridor.*

Non...

JULIETTE, *éperdue.*

Je vous suivrai...

CLARA, *la retenant.*

Restez.

JULIETTE.

Clara!

CLARA.

M. de Guernet n'est plus là!

JULIETTE.

Que dites-vous?

CLARA.

Je l'ai fait sortir par le petit escalier...

JULIETTE.

Vous!... (*embrassant Clara avec transport.*) Ah! tu es mon ange sauveur!

CLARA.

En partant, M. de Guernet m'a annoncé qu'il quittait Paris.

JULIETTE.

Lui!... (*Vernois reparaît à la porte de la chambre, à droite.*)

CLARA.

Et il m'a remis pour vous ce billet...

JULIETTE, *le prenant vivement.*

Ah!...

VERNOIS, *se montrant.*

Un billet de M. de Guernet...

CLARA.

Ciel !

JULIETTE, *tendant la lettre à Vernois, avec dignité.*

La voilà.

CLARA, *voulant l'empêcher de la donner.*

Juliette !...

JULIETTE, *comme plus haut.*

Lisez-la, monsieur, je suis sûre de pouvoir l'entendre sans rougir.
(*Elle fait un signe à Clara, qui sort par la porte, à gauche.*)

VERNOIS, *lisant.*

« Madame,

« L'imprudence que je viens de commettre sera la dernière ; je
« ne veux point vous faire plus longtemps un malheur et un danger
« de mon amour. (*Il regarde Juliette.*)

JULIETTE, *avec confiance.*

Continuez, monsieur.

VERNOIS.

« Je vous obéis donc, madame ; je retourne en Algérie, et si ce
« départ est douloureux pour moi, je suis sûr au moins de n'avoir
« pas longtemps à en souffrir... (*Juliette porte la main à son cœur
« avec une expression douloureuse.*)

VERNOIS, *continuant.*

« Adieu, madame, puisse cet abandon de toute espérance vous
« prouver enfin la sincérité d'un amour que vous avez toujours re-
« poussé!... » (*Un silence. — A Juliette.*) Vous pleurez, madame !

JULIETTE.

D'admiration, monsieur... de reconnaissance.

VERNOIS, *avec intention, et la regardant fixement.*

Et... de regret.

JULIETTE.

Peut-être.

VERNOIS, *qui a tressailli.*

Vous osez l'avouer !...

JULIETTE, *avec une noblesse douloureuse.*

A vous, monsieur, à vous seul; car lui, vous le voyez, il ne sa-
vait rien; lui, je ne le verrai plus!... Cette lettre est l'adieu d'un
mourant.

VERNOIS.

Madame.

JULIETTE *avec une explosion de douleur.*

Et cependant lui seul m'a toujours aimée...

VERNOIS.

Comment?

JULIETTE, *s'animant.*

Oui, monsieur, je sais maintenant la vérité sur tout ce qui s'est passé aux Brisaies!... Ces soins dont j'étais entourée, cette tendresse invisible qui, veillait sur moi, ce billet dont vous avez reçu la réponse, tout venait de lui

VERNOIS.

Qui vous a dit ?

JULIETTE, *plus animée.*

Et quand vous m'avez vue touchée de ces témoignages d'amour, vous avez profité d'une erreur qui vous livrait mon âme tout entière ; vous avez feint une tendresse que vous n'éprouviez pas, vous avez dérobé la reconnaissance qu'un autre avait méritée; vous m'avez trompée, lâchement trompée.

VERNOIS, *irrité.*

Assez, madame ; je comprends tout maintenant : oui, vous avez pu m'accuser; il y a moins de dignité à nier certains torts qu'à les reconnaître; mais vous venez de rompre entre nous les derniers liens.

JULIETTE.

Monsieur?...

VERNOIS, *avec colère.*

Après les paroles que vous avez prononcées, une plus longue explication serait inutile... tout doit être fini entre nous...

JULIETTE.

Tout!... soit, monsieur... vous serez satisfait... Oui... je comptais partir pour la Touraine dans quelques jours; je partirai ce soir même, et ce qui ne devait être qu'une absence sera une séparation.

VERNOIS, *tressaillant.*

Une séparation !... (*Avec une décision forcée.*) A la bonne heure, madame!

JULIETTE, *avec une émotion croissante.*

Je partirai sans crainte... Que vous importe que je disparaisse de votre vie, vous n'avez pas besoin de moi ; vos joies, vos désirs sont ailleurs !... Vous me regarderez comme morte... et vous serez heureux. (*Juliette remonte pour sortir par la gauche; Clara paraît à la porte. Elle se jette dans ses bras, et reste pleurant sur son épaule.*)

VERNOIS. *ému.*

Moi?... (*Se roidissant.*) Et bien ! soit... Que tout le monde m'ac

bandonne ; je resterai tout entier aux projets que je veux faire triom-
pher : mon élévation me justifiera et doit me dédommager de tout le
reste !...

SCÈNE X.

LES MÊMES, BRUNEL, RANDEL.

BRUNEL, *au dehors.*

Où est Vernois ?

RANDEL, *au dehors, en même temps.*
Il faut que je lui parle. (*Tous deux entrent.*)

RANDEL, *à Vernois.*
Vous savez la nouvelle ?

BRUNEL.
La démission des ministres n'est pas acceptée.

RANDEL.
La chambre est dissoute.

BRUNEL.
Et tu es destitué ?

JULIETTE, *au fond.*
Ah !

VERNOIS.
Moi ?...

RANDEL.
En voici l'annonce dans le journal du soir...

VERNOIS, *prenant le journal.*
Se peut-il ?... oui... Ainsi tous mes projets sont détruits !... Voilà
où devaient me conduire tant d'efforts, tant de tourments !... perdre
tout à la fois !... emplois, titres, influence... et plus de famille, plus
d'amis... (*Il se laisse tomber sur un fauteuil.*)

JULIETTE, *s'approchant.*
Vous vous trompez, monsieur.

VERNOIS, *se retournant, avec un cri.*
Dieu ! vous ici !...

JULIETTE.
J'allais partir... vous êtes malheureux... je reste...

VERNOIS.
Se peut-il ?... Ah ! madame... (*Il avance la main pour saisir
celle de Juliette ; celle-ci recule.*) C'est maintenant que je comprends
tous mes torts.

RANDEL.
Eh, mon Dieu ! vous avez cédé à la folie du siècle : chacun veut

à toute force être quelque chose ! Pour que le vaisseau qui porte
notre fortune arrive plus vite, nous jetons à la mer la tendresse, les
joies intérieures, les devoirs de famille...

VERNOIS, *regardant Juliette.*

Et près du port nous faisons naufrage !

RANDEL.

Ce qui prouve que ce n'était pas la peine de partir.

BRUNEL, *bas à sa femme.*

Ah çà ! mais M. de Guernet s'est donc éloigné ?

CLARA, *bas.*

Chut ! *El savio no sospecia.*

BRUNEL, *interrompant.*

Bien, bien !... (*A part.*) Décidément, j'apprendrai l'espagnol.

FIN.

POISSY. — Imprimerie de G. OLIVIER.

MICHEL LÉVY FRÈRES, LIBRAIRES-ÉDITEURS,

RUE VIVIENNE, 1.

OEUVRES COMPLÈTES

D'ALEXANDRE DUMAS

FORMAT DE LA BIBLIOTHÈQUE CHARPENTIER

à 3 francs le volume.

On a dit que chaque jour amenait son pain : ce qui est vrai pour le corps est donc vrai pour l'esprit ; car ne semble-t-il pas que chaque époque amène aussi pour les imaginations la pâture dont elles ont besoin ? On serait tenté de croire qu'il ne naît pas d'individualités littéraires, mais qu'elles se transforment selon les goûts du milieu où le temps les jette ; et, il faut bien le reconnaître, rien de changeant comme les appétits ; ce n'est pas assez pour les apprécier de tenir compte des climats et des siècles, si l'on veut noter même les grands changements, il faut rapprocher les échelons. Nous avons des contemporains qui ont vu sous la monarchie demander partout le musc et l'ambre ; sous la révolution, les plus vigoureuses épices titillaient à peine des palais enflammés ; sous l'Empire, sous la Restauration, nouveaux goûts, nouvelles œuvres. Sans rien oser juger, disons qu'au moment où nous sommes, il est né des besoins non encore éprouvés. Sans cesse agités par la vie fiévreuse que nous font les affaires où tout le monde se jette, entraînés par cette nouvelle loi générale, impitoyable, la loi d'*aller vite*, nous avons le désir de trouver dans ce que nous lisons un délassement agréable, une série animée d'émotions qui nous enlèvent pour quelques instants à la réalité, une vivacité spirituelle qui nous fasse oublier au moins une soirée les hommes sérieux. On veut lire comme on va au spectacle, pour vivre quelques heures de la vie d'un autre personnage, pour se passionner sans fatigue, et trouver l'esprit que le monde ne nous donne plus, surtout depuis que le cigare dispense de parler. Il faudrait donc proclamer que M. Alexandre Dumas est né bien à propos, si ceux qui le connaissent ne savaient qu'au lieu de rendre grâce au hasard qui l'aurait ainsi fait, il faut remercier l'admirable protéisme de l'homme de talent qui semble nous avoir dit : « Soyez capricieux à votre aise, que votre goût blasé varie ses exigences, je vous suivrai partout, vous me retrouverez sans cesse et sous toutes les formes. » Le théâtre qui, pour un autre auteur, eût été une existence complète, n'a été pour Alexandre Dumas qu'un prélude.

Ces œuvres, populaires par la renommée, vont le devenir par le format et par le prix. Le règne des feuilletons cousus en volume par la ménagère est passé ; toute modeste maison aura un rayon pour les œuvres qu'elle aura choisie ; le château aura un corps de bibliothèque ; car Dumas est jeune, Dumas se porte à merveille, et son esprit, que féconde sans cesse l'imprévu, est chaque année gros de quarante volumes. Aussi ceux qui ne l'aiment pas l'admirent. Mais tout le monde l'aime.

Chaque volume de cette édition in-18, contenant la matière de 2 à 3 volumes in-8 du cabinet de lecture, sera publié au prix de 2 francs.

EN VENTE :

LE COMTE DE MONTE-CRISTO, complet en 6 volumes.... 12 f.
LE CAPITAINE PAUL, complet en 1 volume...................... 2
LE CHEVALIER D'HARMENTAL, complet en 2 volumes... 4
LES TROIS MOUSQUETAIRES, complet en 2 volumes....... 4
VINGT ANS APRÈS, suite des Trois Mousquetaires, complet en 3 volumes.. 6
LA REINE MARGOT, complet en 2 volumes................. 4

SOUS PRESSE :

LA DAME DE MONSOREAU, complet en 3 volumes. 6

Poissy. — Imprimerie de G. Olivier et Cie.

www.ingramcontent.com/pod-product-compliance
Lightning Source LLC
LaVergne TN
LVHW022314170726
843503LV00006B/2500